Wurster

Das Leben ist zu kurz,
um den Bauch einzuziehen

Das Leben ist zu kurz, um den Bauch einzuziehen

Sandra Wurster

**Bibliografische Information
der Deutschen Nationalbibliothek**

Die Deutsche Nationalbibliothek verzeichnet diese Publikation in der Deutschen Nationalbibliografie; detaillierte bibliografische Daten sind im Internet über http://dnb.d-nb.de abrufbar.

1. Auflage 2019

© 2019 TRIAS Verlag in Georg Thieme Verlag KG, ein Unternehmen der Thieme Gruppe

Rüdigerstr. 14
70469 Stuttgart
Deutschland

www.trias-verlag.de

Printed in Germany

Programmplanung: Katja Widmann
Projektmanagement: Anja Bippus
Redaktion: Bettina Moll (www.texttiger.de)
Umschlaggestaltung: Kim Hoss
Umschlagfoto: Jeanette Bak Photography
Zeichnungen: Kim Hoss
Satz: Ziegler + Müller, Kirchentellinsfurt
gesetzt in APP/3B2 V.9
Druck: Westermann Druck GmbH, Zwickau

ISBN 978-3-432-10825-4   1 2 3 4 5 6

Auch erhältlich als E-Book:
eISBN (PDF) 978-3-432-10826-1

Liebe Leserin, lieber Leser,
hat Ihnen dieses Buch weitergeholfen?
Für Anregungen, Kritik, aber auch für Lob sind wir offen. So können wir in Zukunft noch besser auf Ihre Wünsche eingehen. Schreiben Sie uns, denn Ihre Meinung zählt!

Ihr TRIAS Verlag

E-Mail Leserservice: kundenservice@trias-verlag.de

Adresse:
Lektorat TRIAS Verlag, Postfach 30 05 04,
70445 Stuttgart
Fax: 0711-8931-748

Lassen Sie sich inspirieren!
www.printerest.com/triasverlag

Besuchen Sie uns auf facebook!
www.facebook.com/trias.tut.mir.gut

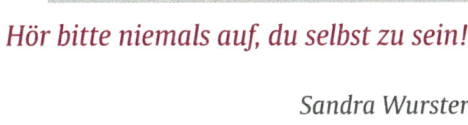

Hör bitte niemals auf, du selbst zu sein!

Sandra Wurster

Die Autorinnen

Sandra Wurster tänzelt lebenshungrig durch die Welt. Sie ist gelernte Tanzpädagogin und feiert ihren Körper und das Leben. Mit der Gründung ihres Lifestyle- und Mode-Labels »Bauchfrauen« konnte sie ihre zwei größten Leidenschaften miteinander verbinden – außergewöhnliche Looks zu kreieren und den *booty* zu shaken. In ihren Vorträgen und Workshops motiviert Sandra Frauen, ihr Selbstwertgefühl zu entdecken. Sie sagt: »Wahre Schönheit ist der Mut, du selbst zu sein und deine eigene Wahrheit zu leben.« Und so schreibt sie trotz Legasthenie über die Themen, die sie berühren, und versucht mit ganz viel Mut im Bauch, die Welt ein kleines bisschen bunter zu machen.

Silke Reichenbach ist ihrem Seelenruf gefolgt und lebt in ihrer Traumstadt Berlin. Schon immer auf unkonventionellen Wegen unterwegs, wirkt sie seit Jahren als Heilpraktikerin. Sie möchte Menschen inspirieren, Dinge zu hinterfragen und mutig eigene Wege zu beschreiten – je eher, desto besser! Daher sieht sie in diesem Buch die große Chance, Menschen Impulse zu geben, denn nichts ist wichtiger, als gesund und neugierig zu bleiben.

Kim Hoss ist Kommunikationsdesignerin und Illustratorin, wohnt in Stuttgart und ist von Herzen »Bauchfrau«. Das Leben ein bisschen bunter zu machen, ist auch ihre Vision. Mit Pinseln, Farbkasten und glitzernden Ideen im Gepäck wartet sie auf das nächste weiße Blatt Papier, um ihm Leben einzuhauchen!

Das Leben
ist zu kurz,
um den Bauch
einzuziehen!

Inhalt

Vorwort

Wow, schon ein kurzer Blick in mein Tagebuch aus dem Jahr 2002 reicht aus, um das 11-jährige dickbeinige Mädchen mit dem hübschen Gesicht wieder in mir zu spüren. Damals kreisten meine Gedanken allein ums Abnehmen und Hungern – Ziel: »Dünnhausen«. Einige Jahre später und einige »Kilos weiter« bemerkte ich, dass nicht nur ich, sondern auch viele andere Frauen ihrem Körper schlimme Dinge antun, um schöner, dünner und begehrenswerter zu sein. Darunter etwa: meine Mutter, die Kita-Erzieherin, meine Lieblingssportlehrerin, die clevere Chefin, Stars und Sternchen sowie meine eigenen Freundinnen. Nachdem ich kapiert hatte, dass nicht mein Körper und ich das Problem waren, sondern ein Schönheitsideal, dem nur ca. 5 Prozent der Gesellschaft entsprechen (aber nicht wirklich, denn das meiste ist hier nur Retusche, Schminke oder Resultat einer Schönheits-OP) und das 95 Prozent ausgrenzt, habe ich beschlossen, meinen Wert nicht mehr an dem Speckumfang meiner Schenkel zu messen. Mein Leben ist mir einfach zu wertvoll und zu kurz, um ständig den Bauch einzuziehen. Außerdem verursacht das zu oft »Bauchschmerzen« – physisch wie psychisch. Kommt dir das alles irgendwie bekannt vor? Dann lass uns gemeinsam herausfinden, was du alles erreichen kannst, wenn du zu dir stehst, zu deiner Selbstliebe zurückfindest und aufhörst, zu hungern und irgendeinem unsinnigen, krankmachenden Ideal hinterherzulaufen. Schenke deinem Bauch (deinem ganzen Körper) endlich den Raum, den er verdient hat, denn hier beginnt so vieles: der Appetit, der Kummer, die Liebe und das Leben selbst. Also lass uns damit anfangen, ihn zu umarmen, unseren weichen, behaarten, faltigen, knochigen, muskukären oder vernarbten Bauch!

Und wenn dir gefällt, was du liest, dann: *Share it, baby!* Wir fordern dich sogar regelrecht auf, es mit deinen Lieblingsmenschen zu teilen. Dadurch können wir vielleicht gemeinsam noch weitere Bäuche aus zu engen Strumpfhosen oder »Bauchweg-Unterhosen« befreien. Mit dem Kauf dieses Buches hast du bereits einen Anfang gemacht und hilfst uns, noch mehr Bauchliebe in diese Welt zu bringen. Das ist einfach wunderbar!

»Wir«, das sind die Heilpraktikerin Silke Reichenbach, die Illustratorin Kim Hoss und ich, Sandra Wurster. Silke (links) ist eine unheimlich charismatische Heilpraktikerin, die mich von Naturheilmethoden als Alternative zur Schulmedizin und der Energie des Universums mehr als nur überzeugt hat. Umso glücklicher macht es mich, dass sie diesem Buch durch ihre *spirit skills* zu noch mehr Seele verholfen hat. Kommunikationsdesignerin und Illustratorin Kim Hoss (rechts) und ich arbeiten schon seit Längerem kreativ zusammen. Sie visualisiert meine Gedanken mit ihrem bunten Design und sorgt somit hier für den einzigarten Style. Und ich, die Autorin dieses Ratgebers (Mitte), liebe es einfach, durch meinen Alltag zu wirbeln: ständig mit neuen Ideen im Kopf und immer mit dem Drang im Bauch, die Welt ein kleines bisschen bunter zu hinterlassen. Diese Lebensfreude wünsche ich auch dir und deswegen habe ich meine wichtigsten Erfahrungen auf dem Weg zu mehr Bauchliebe für dich in dieses Buch gepackt. Zum Lesen bedarf es zwar keiner direkten Anleitung, doch vorab zu erfahren, wie es aufgebaut ist, steigert vielleicht deine Freude noch darauf.

In der ersten Hälfte (Kap. 1 bis Kap. 6) geht es um unsere größten »Bauchschmerz«-Verursacher, darunter u. a. *Body-Shaming* (das bedeutet, jemanden wegen seiner körperlichen Erscheinung zu beleidigen oder zu diskriminieren). Kleine Geschichten aus meinem Leben illustrieren, was dich alles daran hindern kann, dich selbst rundum anzunehmen, zu lieben und schön zu finden. Ab Kap. 4 nähern wir uns dann dem »Kern der Sache«: Wie sind unsere Gefühle für uns selbst? Wie können wir uns als »Unikat« und als Frau feiern (*Pussy Power* statt *Slut Shaming*)? Nachdem wir uns in Kap. 6 mit Bauchliebe und Intuition beschäftigt haben, wenden wir uns in Kap. 7 dem Ich zu. »Bauchtipps« zeigen dir dort, wie du dein Ding machen kannst, und übers ganze Buch hinweg unterstützen dich hilfreiche Übungen sowie die *spirit skills* von Silke dabei, mit der Kraft positiver Gedanken und Glaubenssätze (v. a. Kap. 8) zu einem guten Bauchgefühl und zu dir selbst zu finden. Alle wichtigen Schritte, die du auf dem Weg dazu in diesem Buch kennenlernst (vgl. auch Kap. 9 und 10), findest du am Ende noch einmal in Kap. 11 unter den »Body Power Points« zusammengefasst. So kannst du dich später durch einen einfachen Blick ins Buch zwischendurch immer mal wieder briefen und neue Ideen sprudeln lassen. Es ist nämlich absolut erwünscht, dass du die Liste mit den 13 Punkten dort mit eigenen Erkenntnissen bestückst.

Inspirieren soll dich auch das bunte Konzept des Buches. Uns ist es wichtig, dich sowohl mit guten Texten zu bereichern als auch mit ansprechenden Illustrationen deine Kreativität und Intuition anzuregen. Die Bilder darfst du übrigens gerne zur Inspiration oder Erinnerung an einen nützlichen Gedanken aus dem Buch herausreißen und mit in deinen Alltag nehmen. Wir wünschen uns sehr, dass du dieses Buch nicht nur wie einen Ratgeber liest, sondern auch, dass du es wie eine »gute Freundin« in dein Leben integrierst. Eine Freundin, die dich auf die aufregendste Abenteuerreise deines Lebens begleitet: die Reise zu dir selbst! Vielleicht gehört dazu am Ende auch, deinen Kleiderschrank ein wenig auszumisten und gemeinsam etwas Platz für ein paar neue, große Gedanken und positive Glaubenssätze zu schaffen. Unsere Devise dabei ist: »Alles darf, nichts muss«, denn wir möchten dich auf gar keinen Fall belehren und wissen natürlich auch, dass wir dir deine eigenen Erfahrungen nicht nehmen können. (Erfreulicherweise!) Unser Ziel ist es, dich dazu zu bringen, das Leben zu feiern. Wir möchten dich motivieren, dich nicht mehr zu verstecken, und daran erinnern, dass das Leben zu kurz ist, um den Bauch einzuziehen. Gönne dir durch das Lesen dieses Buches mit uns eine große Portion Selbstliebe. Und von der – nur ganz nebenbei bemerkt – darfst du dir so viel Nachschlag gönnen, wie du möchtest. Du wirst merken: Zu dir zu stehen und deine eigene Wahrheit zu leben, ist wie Torte zum Frühstück. Das fühlt sich zuerst irgendwie komisch an, aber dann wirst du es unzweifelhaft genießen.

*Eine Frage: Lässt du es dir schon gut gehen?
Oder kaust du immer noch mit schlechtem
Gewissen auf deinem Müsli herum?*

1 Bevor ich aufhörte, den Bauch einzuziehen

Keine Angst, ich werde jetzt nicht ausschweifend über meine Vergangenheit berichten, sondern nur bewusst einen Teil meiner Geschichte mit dir teilen, um dir Mut zu machen, an deinem Selbstbild und Selbstwertgefühl zu arbeiten. Meine Lebensfreude und mein Selbstbewusstsein habe ich mir hart erarbeiten müssen und ja, es kommen auch Rückschläge. Da spült man sich mit Tränen den einen oder anderen Frust von der Seele. Aber glaube mir, es lohnt sich: Ich meine die Arbeit an dir selbst – dich selbst zu lieben. Es ist der einzige Weg zu einem authentischen Ich. Du hast die Wahl und kannst dich entscheiden, ob du dich als Opfer der Geschehnisse siehst oder ob du erwachst, aktiv wirst und dich somit bewusst entscheidest, Schöpfer deines Lebens zu werden. Diese Entscheidung ist im Übrigen unabhängig von deiner Kleidergröße, deinem Gewicht, deiner sexuellen Orientierung, deinem Besitz, deiner Stellung in der Gesellschaft usw. – egal was ist, wir sind und bleiben immer Choreographen unseres Daseins. Es gibt stets die Möglichkeit, ein anderes Tempo oder eine andere Perspektive zu wählen. Aus welchem Blickwinkel du aufs Leben schaust und welche großen Gedanken du dir zutraust, das beeinflusst am Ende auch, wie zufrieden und glücklich du bist. Wir entscheiden selbst, welche Werte wir unserem Leben zugrunde legen und ob wir Teil eines Problems sein wollen oder Teil einer Lösung. Das Leben zu bejahen, einen Draht zu seinem Urvertrauen zu haben und mutig zu sein, das sind Grundvoraussetzungen, um seine eigene Wahrheit herauszufinden und zu leben.

Ich weiß, dass wir alle beigebracht oder sogar anerzogen bekommen haben, dass »die Welt« (= das Leben) so sei, wie sie sei, und wir das, was wir dort vorfinden, am besten so hinnehmen und keinen großen Ärger deswegen machen sollen. Großen Hindernissen gehe man besser aus dem Weg, so sagt man. Doch was wäre das Leben ohne leidvolle Erfahrungen, durch die man wächst; was ohne Herausforderungen, die man bewältigt; was ohne die großen Mauern, die man einreißt, um sich zu befreien? Es lohnt sich, über den Tellerrand hinauszuschauen, wo unbegrenzte Möglichkeiten auf dich warten, die du nur wahrnehmen musst. Du musst endlich den von Angst durchfluteten Gedanken loslassen, dass du das Leben einfach nur so hinnehmen müsstest, und es stattdessen mit offenem Herzen umarmen.

Menschen, die die Welt oder ihr Leben verändern wollen, werden sehr oft belächelt, nicht ernst genommen oder für ein wenig verrückt gehalten. Sie fallen auf. Weshalb? Ganz einfach: weil sich in dem, was sie tun, eine leidenschaftliche Energie zeigt, die magisch ist und ganz ihnen selbst entspricht. Sie ist die Antwort auf die Frage, wieso du morgens aufstehen sollst. Auch dein »Warum« wartet bereits darauf, von dir gefunden zu werden.

Meine Worte sind mehr als esoterisches Gelulle, denn ich weiß, wovon ich spreche. Auf meiner noch relativ kurzen »Abenteuerreise« – ich bin 28 – ist zu Beginn einiges schiefgelaufen, dennoch liebe ich das Leben, vielleicht aufgrund dieser Erfahrung erst recht. Durch sie konnte ich lernen:

An seinem Ärger festzuhalten, fühlt sich an, als nähme man ein gegrilltes Marshmallow in die Hand, um es nach jemanden zu werfen. Es ist nicht nur eine große Schweinerei, sondern du bist wahrscheinlich auch die Einzige, die sich dabei verbrennt.

Ich weiß schon, du möchtest nun in die tiefen Abgründe meiner Kindheit blicken. Dennoch will ich keine lange Leidensstory daraus machen, du sollst nur einfach wissen, von wo aus ich gestartet bin, bevor es so richtig losging mit meiner Abenteuerreise, der Suche nach mir selbst und einem Leben mit einem positiveren Fokus und größeren Selbstbewusstsein: Es fing damit an, dass meine Mamko (meine Mutter ist Tschechin) meinen Vater vor meiner Einschulung sitzen ließ.

Das Leben für sie war danach ziemlich hart, so ganz allein und mit wenig Geld für uns zwei. Sie war ständig arbeiten, hatte wenig Zeit, dennoch irgendeinen Typen. Familie? Kannte ich nur aus irgendwelchen Büchern. Die Schule machte mich zusätzlich fertig. Diese Scheißnoten waren stets eine Bedrohung und offenbarten ein Bewertungssystem, das für die Entwicklung meines Selbstbewusstseins nicht gerade förderlich war. Das Geld reichte hinten und vorne nicht, und ich jobbte bereits als 11-Jährige, um mir meine eigenen Scheine zu verdienen. Stress war zu Hause an der Tagesordnung, es war also ständig *trouble* angesagt. Geborgenheit, Sicherheit und Liebe fehlten längst. Zuletzt war alles so schlimm, dass ich meinem Zuhause den Rücken kehrte, die Tür hinter mir zuschlug und nie wiederkam.

Es muss schon ziemlich viel schieflaufen, wenn man mit 15 Jahren ein Heim (Außenwohngruppe) dem eigenen Zuhause vorzieht. Ich denke, einer der Hauptgründe, die mich zum Auszug bewogen haben, war die Hilflosigkeit meiner Mutter. Sie wusste nicht, wie sie mit mir umgehen sollte, nachdem herausgekommen war, dass Bekannte unserer Familie mich sexuell belästigt hatten. Ich fühlte mich tief in meiner Würde verletzt und mit diesem Schmerz größtenteils alleingelassen. Zu Hause war kein Ort, wo ich Unterstützung finden konnte, also sorgte ich für mich und suchte mir einen neuen Lebensort, wo es mir besser gehen konnte. Ich habe mich bewusst dafür entschieden, davon hier zu erzählen, um deutlich zu machen, dass man immer die Wahl hat, etwas für sich und sein Leben zu verändern.

Tief in uns haben wir alle nicht nur das Bedürfnis, dass es uns gut geht, sondern auch das Wissen, wie wir dahin kommen können. Wir müssen nur lernen, uns wieder zuzuhören und uns zu vertrauen. Alles ist bereits in uns.

Nun zurück zur Außenwohngruppe, in die ich zog: Sie war dann doch ziemlich anders, als ich sie mir vorgestellt hatte, und tatsächlich alles andere als gemütlich. Aber wen wundert es, bei so viel Kummer auf so wenigen Quadratmetern. Wir waren acht Mädels und ein paar Betreuerinnen, und es gab nur einen einzigen Fernseher mit drei Kanälen. Doch gleich welchen Schmerz jede von uns hatte, saßen wir passend zu Beginn von »Sturm der Liebe« im Gemeinschaftsraum und ließen uns von diesem Blockbuster fesseln. Für alle, die die TV-Serie nicht kennen: Du hast echt nichts verpasst, denn »spannend« ist etwas anderes. Damals fand ich es richtig ätzend, dass es nicht mehr Kanäle zur Auswahl gab und wir dazu nur einen Gruppen-PC besaßen. Heute erkenne ich jedoch den großen Vorteil, der sich daraus ergab: Keine Ablenkungen zu besitzen, bedeutet auch viel Zeit zu haben, nach seinen tiefsten Sehnsüchten zu fragen und über den Sinn des Lebens nachzudenken.

Das Tanzen war unter anderem eine Antwort und wurde in meinem Leben ein immer größeres Thema. Mit 13 bekam ich bereits die Chance, in einem Jugendhaus einige Kids zu unterrichten. Die Teilnehmerzahl in meinen Kursen wuchs in kürzester Zeit an und schon bald stand fest, dass ich meine Berufung darin gefunden hatte. Zwar war die Ausbildung zur Tanzpädagogin nicht leicht und die anschließende Selbstständigkeit alles andere als ein gediegener Spaziergang, doch damit konnte ich mir den größten Schmerz, der sich seit meiner Kindheit in mir angestaut hatte, vom Leibe tanzen. Und für alles, was sich nicht so einfach wegtanzen ließ, hatte ich Silke Reichenbach, meine Heilpraktikerin, einen der liebsten und spirituellsten Menschen in meinem jetzigen Leben. Als ich damals zu ihr kam und mir meinen restlichen Kummer vom Leibe quatschen wollte, sagte sie zu mir: »Du hast das Leben bekommen, das du brauchst, um der Mensch zu werden, der du werden wolltest.« Das war für mich erst einmal ziemlich starker Tobak. Doch äußerst schnell brachte sie mich dazu, zu verstehen: Wenn ich meinen Gefühlen erlaube, da zu sein, mich mit ihnen annehme und begreife, dass mir nichts fehlt, ich sogar alles für meinen Weg zu mehr Selbstliebe in mir habe, dann steht mir die ganze Welt offen.

Als Tanzpädagogin hatte ich übrigens in meinen letzten zehn Berufsjahren große Freude daran, gemeinsam mit vielen unterschiedlichen Menschen meinen *booty* um die Wette zu shaken. Keine einzige Frau glich einer anderen. So viel Einzigartigkeit ist für mich immer noch ein abgefahrenes Wunder. Und dennoch habe ich bis heute das Gefühl, als wollten sie nur alle eins: so aussehen wie Models oder Promis aus Film, Fernsehen und Magazinen! Damit verleugnen die meisten nicht nur die allgemeine Vielfalt (besonders die weibliche), sondern übersehen auch ihre eigene Schönheit.

In der Gesellschaft verbreiten sich über die Medien epidemisch unerreichbare Schönheitsideale, die verursachen, dass unheimlich viele junge Mädchen und Frauen ein negatives und ungesundes Körperbild von sich selbst besitzen. Deshalb wollte ich damals unbedingt etwas erschaffen, das über den Tanzsaal hinausging. Also kreierte ich 2016 einen speziellen Frauen-Workshop, der nicht nur Spaß an Bewegung vermittelte, sondern auch der Seele und dem Geist Raum für Entwicklung bieten sollte. Durch Tanz, Vorträge und verschiedenste Meditationsformen wollte ich Frauen wieder daran erinnern, wie einzigartig sie sind. Heute sind unsere bekannten *Love-Your-Belly*-Workshops nicht nur voll ausgebucht, sondern Kim und ich touren damit mittlerweile auch durch Deutschland. Zudem soll es demnächst ein großes *Love-Your-Belly*-Event geben. Die bereits damals überwältigende Resonanz motivierte mich dermaßen, dass ich einen Sommer später mein eigenes Mode- und Lifestyle-Label »Bauchfrauen« gründete. Ich wollte das Verlangen nach Vielfalt neu erwecken. Bereits nach nur vier Monaten hatte ich mit meiner ersten »Du bist schön«-Kollektion hunderte T-Shirts in ganz Deutschland, Österreich und in der Schweiz verkauft. Darüber hinaus erhielt ich viele emotionale E-Mails, in welchen Frauen mir ihre Geschichten, Erfahrungen und ihren Schmerz anvertrauten. Zwar hatte ich bereits geahnt, dass ich beim weiblichen Geschlecht einen wichtigen Nerv treffen würde, aber dass ich so vielen Frauen aus der Seele sprach und mit meiner *Love-Your-Belly*-Aktion so große Wellen schlagen würde, das hätte ich nicht gedacht.

Meine kleinen Stampferchen

Einer der Hauptgründe für den wachsenden Erfolg unserer *Belly*-Philosophie und unseres Labels ist sicherlich die Authentizität, die wir ausstrahlen. Wir verkaufen kein falsches Getue, sondern wissen genau, wie es ist, mal wieder vor dem Kleiderschrank zu stehen und nichts Passendes zum Anziehen zu finden, weil die tatsächliche Herausforderung das eigene Spiegelbild ist. Ich hatte lange, lange Zeit ein schickes imaginäres Täschchen um mich hängen, in dem ich immer und überall meine ganzen Selbstzweifel und Ängste mit mir herumschleppte. Durch das Tragen dieser Tasche war ich lange der festen Überzeugung, dass ein Leben mit Kleidergröße 38 (meine Wunschvorstellung) doch so viel leichter und schöner sein müsste als mit Größe 42, die ich damals hatte. Du fragst dich, von welcher Tasche ich hier rede? Von allen unsichtbaren Handtaschen, in denen Frauen ihren ganzen Körperschmerz verstauen. Wir alle haben sie, wenn nicht sogar mehrere, sei es eine hippe Bauchtasche, eine kleine Clutch oder einen großen Shopper. Passend zum Anlass wählen wir sie aus, und sie begleiten uns überallhin. Lieblingsorte unserer Bags sind eindeutig H&M-Umkleidekabinen, Strände und ganz klar das Schlafzimmer unseres Techtelmechtels. Doch obwohl viele von uns mittlerweile ein riesiger Fan von Selbstliebe geworden sind, kriechen die Selbstzweifel spätestens dann, wenn wir uns entkleidet haben und nackig sind, wieder hervor und nicht wenige ziehen dann beim »Liebemachen« den Bauch ein. Wie grausam!

Grausam und hässlich fand ich damals übrigens auch meine Beine. Als Teenie litt ich regelrecht darunter und haderte stark mit meinen kräftigen Oberschenkeln. Sie waren schon immer etwas dicker gewesen, was meine Familie natürlich *kaum* erwähnte. Sprüche wie »Ach, solch ein hübsches Gesicht, aber langsam musst du auf dein Bäuchlein aufpassen« oder »Ein paar Kilos weniger würden dir aber auch nicht schaden« kratzten stark an meinem Selbstbild. Darum gehören Familienessen eindeutig nicht zu meinen Lieblingsaktivitäten, obwohl es, seitdem ich immer mehr zu mir stehe, besser wird. Auch heute muss ich noch auf der Hut sein, nicht in alte Muster zu verfallen: ewig vor

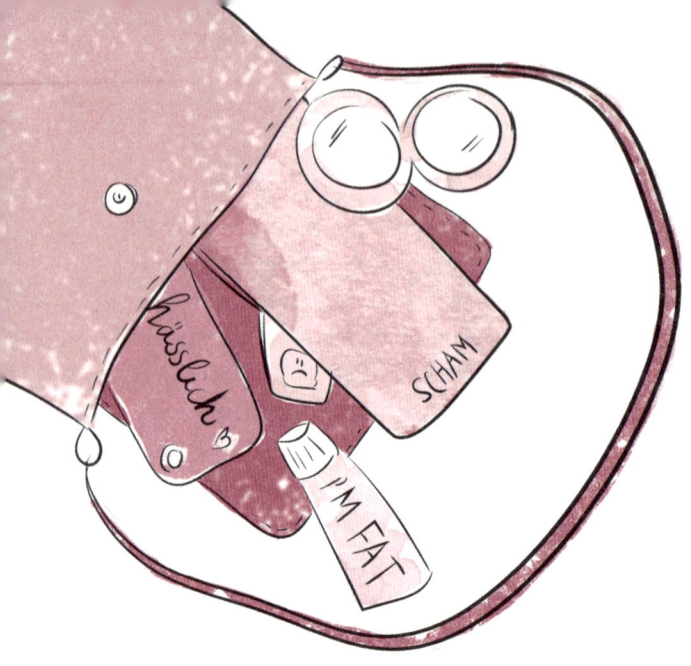

dem Spiegel zu stehen, nichts zum Anziehen zu finden und das ganze Dilemma schließlich mit einem kleinen Heulausbruch zu beenden. Und das alles nur, weil ich versuche, etwas zu kaschieren, was einfach nicht zu kaschieren ist: MICH!

Heute bin ich keinem meiner Liebsten sonderlich böse. Ich glaube vielmehr, dass sie mich tatsächlich vor irgendetwas beschützen wollten. Wahrscheinlich vor der bösen Gesellschaft (vermutlich aber eher vor ihren eigenen Dämonen und negativen Gedanken). Trotzdem tat ich damals alles Erdenkliche, um das Fett an meinen Beinen loszuwerden, bevor ich überhaupt ein eigenes Körpergefühl oder eine eigene Meinung dazu entwickeln konnte. Dutzende von ungesunden Diäten, unzählige gehasste Joggingtouren (oft bei Nacht, weil ich es der Menschheit nicht antun wollte, mich rennen zu sehen) und permanente Attacken meines schlechten Gewissens während jeglicher Nahrungsaufnahme bestimmten meine komplette Pubertät.

Spießrutenlauf: Hosenkauf

Damals kaufte ich mir meine Kleidung ausschließlich eine Kleidergröße kleiner, um mich dann wieder hineinzuhungern oder frustriert hineinzuquetschen. Zudem ließen die damaligen Trendläden, in denen man so als 14-Jährige shoppte, keinen allzu großen Alternativen zu. Vor allem der Hosenkauf fühlte sich für mich immer wie ein Spießrutenlauf an. Ein Horrorszenario vom Feinsten. Immer in der großen Sorge, dass die feinfühlige Verkäuferin durch den ganzen Laden brüllte: »Petra, haben wir die Miss-Sixty-Jeans auch noch in XL da?«

Damals identifizierte ich mich noch über meine Kleidungsgrößen und je größer sie wurden, umso schlechter fühlte ich mich. Doch nach unzähligen Frusteinkauferlebnissen hatte auch ich einen kleinen Triumph, endlich! Die Jeans meiner Träume passte mir, eine wunderschöne Levis mit kleinen Stickereien und Pailletten am rechten Oberschenkel. Diese Hose war einfach wie für mich gemacht, in ihr sahen meine Rundungen zum ersten Mal nicht verfehlt aus. Ich weiß noch ganz genau, was sie gekostet hat: 150 Euro. Das war für meine Mamko als Alleinerziehende damals unheimlich viel Geld. Doch sie kratzte alles, was sie hatte, zusammen und kaufte sie mir. Leider hielt die Freude nicht allzu lange an, da ich bald feststellen musste, dass mir trotz Diäten meine Kurven immer mehr entglitten und ich mich somit auch davon verabschieden konnte, diese coole Hose tragen zu können. Das war ein Grund mehr, meine Kurven nicht zu feiern, sondern zu versuchen, sie weiter zu kaschieren: sei es mit einer Shape-Strumpfhose oder mit Bauch-weg-Unterhosen, die dir deinen kleinen Bauch wegpressen, vor allem wenn du mehrere davon übereinander trägst. Dass man davon ziemlich krasse Bauchschmerzen oder sogar Durchfall bekommt, das war mir egal und das nahm ich in Kauf – weil ich nicht als Versagerin dastehen mochte, mich dazugehörig und »richtig« fühlen wollte. Allerdings ohne mich jemals gefragt zu haben, ob ich auch »richtig« und schön sein kann mit dicken Beinen, einem Bäuchlein und einem großen Hintern.

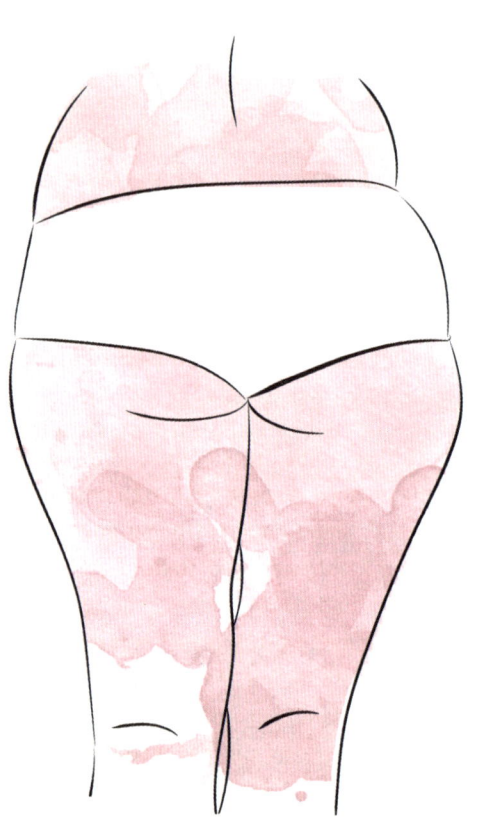

Kampf um Kleidergröße 38

Natürlich hatte ich zwischendrin immer mal wieder kurzfristige kleine »Erfolge«. Wie in dem wilden Sommer vor vier Jahren, in dem ich in meiner knackigen, hautengen schwarzen Jeans eine Menge Spaß hatte. Doch keiner wusste, dass ich den ganzen Sommer lang nur Ananas zu mir nahm, wasserabführende Tabletten schluckte und zusätzlich viele Zigaretten rauchte, um mein Hungergefühl zu unterdrücken. Dieser ungesunde Lifestyle half mir schnell, an Gewicht zu verlieren, und die Schmeicheleien, die ich dafür erhielt, ermutigten mich, weiterzumachen. Ich ließ keine Party aus und stellte die wildesten Sachen an. Das erste Mal in meinem Leben zog ich den Bauch nicht mehr ein, weil da für meine Verhältnisse kein Bauch mehr war. Ich trug Bauchfrei-Tops und fühlte mich mit meinen engen Jeans unheimlich sexy, und für einen winzigen Augenblick sah es so aus, als hätte ich bei dem Kampf um die Kleidergröße 38, den ich seit meiner Pubertät gegen meinen Körper führte, endgültig gesiegt.

Noch bevor der Herbst an die Tür klopfte, drehte sich jedoch wieder alles nur um meinen Bauch, aber diesmal, weil er ständig knurrte. Das Knurren wurde immer lauter und der Hunger unerträglich. Ich sehnte mich nach richtigen Mahlzeiten und stellte fest, dass ich das Essen schrecklich vermisste und darauf nicht mehr wegen geschätzt drei Party-Körperrausch-Stunden pro Woche verzichten wollte. Ich hatte schlicht keinen Bock mehr darauf, mich die ganze Woche lang zügeln und quälen zu müssen, damit ich am Wochenende in meine Jeans hineinpasste. Der Preis dafür war mir mittlerweile einfach zu hoch. Darüber hinaus zeigte mir mein Verhalten, wie wenig ich mich selbst lieben musste, wenn ich mich als Lohn für die ganze Hungeraktion mit der Bestätigung und den billigen Anmachsprüchen von irgendwelchen fremden Typen zufriedengab. Mir wurde klar, dass ich nicht weiter meine ganze Energie dafür vergeuden durfte, in irgendeine Jeans hineinzupassen, die gar nicht für mich gemacht war. Ich beschloss, meine Kraft fortan vielmehr dafür zu nutzen, eine Version meines Ichs zu erlangen, die es mir erlaubt, mir im Spiegel zu begegnen und mich so zu lieben, wie ich bin. Und das ging wahrlich auch in größeren Jeans.

2 Als alles anders wurde – love yourself first!

Für mich war es früher selbstverständlich, mich mit meiner Problemzone stets etwas unwohl in meiner Haut zu fühlen. Vor größeren Ereignissen – da machte ich zwischen Dates und Schulpräsentationen keinen großen Unterschied – aß ich öfters ein paar Tage im Voraus nicht mehr sonderlich viel, damit mein Bauch schön flach war und ich mich wohler fühlte. Dass ich »wohlfühlen« völlig falsch interpretierte, begriff ich damals noch nicht.

Wie viele Glücksmomente hast du bereits verpasst?

Was mich im Nachhinein einfach unfassbar traurig und wütend macht, ist, dass wenn ich mir alte Fotos von früher anschaue, feststellen muss, dass ich ganz fantastisch aussah. Jung, gesund, die ganze Welt lag mir und meinen kleinen Stampferchen zu Füßen und ich dumme Kuh habe mir einfach ständig den Kopf darüber zerbrochen, wie ich diese schrecklichen Beine minimieren kann. Was für eine Zeitverschwendung! Richtig klar wurde mir das, als ich vor einigen Jahren ein Foto in der Hand hielt, das mich mit meiner besten Freundin in Prag zeigt. Wir müssen um die 17 gewesen sein. Ich trage eine kurze blaue Jeans und ein süßes Ringelshirt. Ich kann mich noch gut daran erinnern, dass ich extrem bereute, diesen Look für die Städtetour gewählt zu haben, und ständig voller Scham dachte, ich würde mit meinen hässlichen und dicken Oberschenkeln für alle Touristen die größte Sehenswürdigkeit sein. Durch diese selbstvernichtenden Gedanken versäumte ich völlig, mein Leben im Hier und Jetzt zu genießen. Und ich kam nicht darum herum, mich zu fragen, in wie vielen weiteren Momenten meiner Vergangenheit ich mich bereits wegen genau solcher Gedanken fertiggemacht hatte, statt mich und mein Leben zu feiern. (Vermutlich in sehr vielen!) Am liebsten hätte ich das auf der Stelle korrigiert, wäre zu meinem damaligen Ich gereist und hätte es so lange geschüttelt, bis alle Zweifel von ihm abgefallen wären. Zusätzlich hätte ich mir gerne gesagt, dass ich gut genug bin, genauso wie ich damals war, und dass ich im Hochsommer keine lange Hosen hätte tragen müssen und mir hätte endlich erlauben sollen, mit meinen Freundinnen und Freunden an den See zu fahren. Denn obwohl ich mit 17 echt fesch war und Kleidergröße 36/38 hatte, fühlte ich mich alles andere als attraktiv (!), sodass ich den ganzen Sommer lang, auch bei hohen Temperaturen, lange Hosen trug und mir einen abschwitzte.

Ich selbst glaubte lange daran, dass es genüge, »das Programm« durchzuhalten – also täglich Sport zu treiben und gelegentlich etwas zu hungern –, um eines Tages »perfekt« und »schön« zu sein. Doch im Endeffekt müssen wir nicht an unseren Kleidergrößen arbeiten, sondern vor allem an unserem Selbstwertgefühl. Seit ich diese Erkenntnis gewonnen habe, versuche ich, mir so oft wie möglich eine gute Freundin zu sein, die mir sagt, dass ich okay bin, wie ich bin – insbesondere, wenn sich mal wieder irgendwelche Selbstzweifel melden. Eine Freundin, die ich mir damals anscheinend nicht sein konnte. Sie wird mir hoffentlich auch bei der nächsten Fotoalbum-Durchstöberungsaktion helfen, meine negativen, destruktiven Gedanken wegzuschieben und mich an die schönen Momente zu erinnern, die auch mit den Geschichten hinter den Bildern verknüpft sind. Heute weiß ich, dass ich meine kleinen Stampferchen genauso brauche, wie sie sind, damit ich meinen ganz persönlichen Weg gehen kann. Sie tragen mich von einer fantastischen Idee zur nächsten. Und nun auch zu dir.

Was sagt Silke dazu?

Sandra beschreibt sehr gut, was sich alles für sie änderte, als sie begann, sich selbst anzunehmen und wertzuschätzen, so wie sie ist. Jeden Tag von Neuem, Schritt für Schritt, zu sich selbst stehen – ein Weg, der sicherlich zu Beginn etwas holprig ist, aber du wirst schnell feststellen: Die Seele atmet auf und beginnt zu jubeln, wenn du plötzlich unabhängig von der Meinung anderer dich durch dein Leben bewegen kannst!

Niemand kann dich lieben, wenn du dich nicht selbst liebst. Die Liebe eines Partners kann nur so viel sein, wie deine Eigenliebe entwickelt ist. Deswegen gibt es ja diese unglücklichen bedürftigen Beziehungen, weil alle agieren, als könnte man die fehlende Selbstliebe mit der Liebe durch den Partner ausgleichen. Die Lücke füllen sozusagen. Das würde vielleicht funktionieren, wenn da nicht noch ein Gesetz wirkte, ein großes universelles Prinzip: Gleiche Energien ziehen gleiche Energien an! Was heißt, dass du durch deine Bedürftigkeit auch wieder nur einen Partner anziehst, der in anderer Weise bedürftig ist. Und dann klammern sich zwei Untergehende aneinander und wollen jeweils vom anderen gerettet werden.

Alles, was du für dieses Leben benötigst, hast du bereits in dir! Liebe dich, akzeptiere dich, wertschätze dich! Denn das, was du über dich denkst, wirst du sein.

Wie viel »Tante Fridi« steckt in dir?

Tatsächlich verstehe ich nicht, warum Gewichtsverlust in unserer Gesellschaft so angesagt ist. Ich glaube sogar, dass es zu einer der größten Vorurteile unserer Zeit gehört, dass dicke Menschen faul sind, nicht auf sich achten und deshalb zwangsläufig erkranken, dünne Menschen hingegen vor Aktivität, Dynamik, Erfolg und Gesundheit nur so strotzen. Obwohl mehrere Untersuchungen ganz klar zeigen, dass weder das eine noch das andere Extrem für ein gesundes Leben vorteilhaft ist, sind Diäten nach wie vor ein nicht wegzudenkender Trend in unserer Gesellschaft und ein Milliardengeschäft.

Vor Kurzem musste ich schockierend feststellen, dass auch ich gerne mal zu der ein oder anderen Freundin sage: »WOW, du siehst aber fantastisch aus – hast du abgenommen?« Da hat wohl Tante Fridi mehr abgefärbt, als ich mir das zugestehen möchte. (»Tante Fridi« ist für mich ein Synonym für alle Personen aus dem Freundeskreis, der Familie oder dem übrigen Umfeld, die einem ungefragt und unreflektiert immer mal wieder ihre Meinungen und gut gemeinten Ratschläge aufzwingen wollen.) Solch unverschämte Sätze waren und sind ihre Art, Komplimente zu verteilen. Genauso daneben ist übrigens die Frage, ob man schwanger sei. Ähm, nein, das, was du da siehst, ist der leckere Burger von gestern Abend, den ich mir mit einer großen Portion Pommes so richtig habe schmecken lassen!

Solche Gewichtsassoziationen müssen aufhören! Warum sind Frauen mit Bauch immer noch solch ein Phänomen und wieso gilt abzunehmen immer noch als das Nonplusultra? Natürlich kann man Gewicht verlieren, indem man sich fit hält und vital ernährt. Aber man kann doch genauso gut Gewicht verlieren, weil man an Stress leidet, dadurch seine Ernährung vernachlässigt, krank ist und deshalb wenig Appetit hat oder weil man eben hungert, um sich, wie so viele Frauen, ein vermeintlich »gutes Körpergefühl« zu verschaffen. Es wird einem vorgegaukelt, Frau mit Bauch sei alles andere als schick, und deshalb wird vom weiblichen Geschlecht nichts unversucht gelassen, um ihn so flach wie möglich zu bekommen. Durch diese Denkweise verzweifeln nicht nur junge Frauen, sondern auch Mütter, die nach der Geburt eines Kindes große Schwierigkeiten haben, ihren Körper und vor allem ihren Bauch neu anzunehmen und lieben zu lernen.

Mit Fragen und Komplimenten, die sich rein ums Optische drehen, bestärken wir solch eine fragwürdige und krankmachende Denkweise. Dabei sollte das Aussehen und vor allem das Gewicht einer Frau Privatsache sein. Und dass Frauen wie Tante Fridi angeblich keinen wichtigeren Gesprächsstoff besitzen, spricht für sich. Doch eine kleine Ansage hat noch keinem geschadet: »Liebe ›Tanten Fridis dieser Welt‹, wir haben alle mittlerweile verstanden, dass ihr es anscheinend nur gut mit uns meint. Aber Jesus, Maria, Josef, da draußen gibt es um Himmels willen weitaus Wichtigeres, als in eine bestimmte Kleidergröße hineinzupassen: seinen eigenen Weg im Leben zu gehen, sich zu akzeptieren und zu lieben, wie man ist, seine Träume zu verwirklichen. Also haltet euch gefälligst zurück mit euren destruktiven *Body-Shaming*-Sprüchen, die nur kaputt machen und Selbstvertrauen zerstören.«

Auch du bist viel mehr als nur eine Kleidergröße

Vor einigen Jahren versuchte ich bereits, durch meine Teilnahme an der TV-Serie »Shopping Queen« vor allem meinen Tanzschülerinnen zu zeigen, dass man unabhängig von seiner Kleidergröße einen coolen Style besitzen kann. Für alle, die dieses Format nicht kennen: Fünf Frauen wird ein bestimmter Look vorgestellt und jede Einzelne hat dann ihren Shoppingtag, an dem sie gemeinsam mit ihrer selbst gewählten Begleitung in vier Stunden ein perfektes Outfit im Wert von 500 Euro besorgen darf. Anschließend beurteilen sich alle Kandidatinnen gegenseitig und am Finaltag gibt es dann auch noch Punkte plus eine Bewertung vom Stardesigner Guido Maria Kretschmer höchstpersönlich. Am Ende wird über das beste Voting die Siegerin des Wettbewerbs ermittelt: die Shopping Queen aus Stuttgart.

Also, gleich mal vorweg: Ich habe leider nicht nur nicht gewonnen, sondern auch tatsächlich den letzten Platz gemacht. Meine Motivation, mitzumachen, war gewesen, ein Zeichen für individuelles Schönsein zu setzen. Doch innerhalb der Sendung wie auch für die Shopping-Queen-Facebook-Fangemeinde war meine Kleidergröße 42 viel interessanter als mein Style. Man debattierte dort darüber, wie die Größe zu bewerten sei. In den sozialen Medien konnte ich lesen: »Sandra steht zu ihrem Körper«, »Sie versteckt sich nicht« und auch Guido meinte: »Eine Kleidergröße 42 zu haben, bedeutet nicht, dick zu sein.« Okay, dieses Feedback hatte ich mir zwar auch genauso erhofft, aber dass sich am Ende alle tatsächlich nur für meine Kleidergröße interessierten, fühlte sich dann doch etwas merkwürdig an. Vor allem weil ich doch so viel mehr bin als nur irgendeine Zahl!

Nach Ausstrahlung der Sendung erhielt ich zudem eine Menge Nachrichten. Zwar auch negative, doch die positiven waren deutlich in der Überzahl. In diesen lobten und feierten mich Frauen für meinen außergewöhnlichen Kleidungsstil, vor allem, weil ich gerade keine Kleidergröße 38 hatte. Sie fanden es toll, dass ich mich nicht versteckte, sondern genauso präsentierte, wie ich war. Einerseits schmeichelte mir das und ich erfreute mich an diesem übermäßig guten Feedback, anderseits fühlte es sich zum Teil so an, als würde ich für etwas völlig Abnormales gefeiert. Dabei hatte ich nur mit etwas mehr Po und Schenkel (und der deutschen Durchschnittsgröße 42) Spaß an Mode und an meinem Leben. Aber vielleicht ist es so, dass sich für viele Frauen das Tragen dieser oder eben einer anderen Kleidergröße so anfühlt, als müsse man dafür »Haare auf den Zähnen« haben, noch dazu, wenn man sich damit selbstbewusst im Fernsehen zeigt. Das wäre jedenfalls eine Erklärung dafür, warum so viele dicke Frauen ihre Körper verstecken und verleugnen. Sicherlich liegt es auch daran, dass es ab Kleidergröße 42 immer schwieriger wird, schöne und gut sitzende Kleidung zu finden.

⌣⌣ Bloß nicht das Leben »verwarten«

Übergewicht ist gesellschaftlich nicht nur extrem unbeliebt, sondern gibt den meisten dicken Menschen leider auch das Gefühl, dass sie kein Recht auf modische und schicke Kleidung besitzen und in der Fashion-Welt erst mitspielen dürfen, nachdem sie ordentlich abgespeckt haben. In der Zwischenzeit – so häufig der Konsens – sollen sie sich bitte in ihren »schwarzen Zelten« wegen ihres Körpergewichts schämen. Hinzu kommt, dass viele dicke Frauen selbst eine solche Einstellung pflegen wie: »Ich gönne mir erst dann wieder ein schönes neues Kleid, wenn ich endlich meine Wunschgröße erreicht habe.« Genau diese Art von absurden Denkweisen lässt sie auf spätere, »bessere Zeiten« warten. Manche »verwarten« dadurch nur leider ihr ganzes Leben. Das macht mich total traurig! Wirklich niemand sollte sich von seiner eigenen Kleidergröße einschüchtern lassen, sich ein schönes Kleid zu gönnen, sich gut zu fühlen und ein aufregendes Leben zu führen! Die beste Zeit ist jetzt!

3 Du bist so schön, wie du dich (gut) fühlst

Als ich 14 Jahre alt war, gab ich mir jedes Mal beim Hinsetzen große Mühe, meine Oberschenkel nur ganz dezent auf der Sitzgelegenheit abzulegen, damit sie nicht zu fett aussahen. Abgesehen davon, dass dies alles andere als bequem war, erkenne ich rückblickend, wie extrem verzerrt meine eigene Körperwahrnehmung war. Ich war viel dünner, als ich es jetzt bin, und habe mich dennoch extrem fett gefühlt. Heute mit ein paar Kilos mehr fühle ich mich in meiner Haut viel wohler, weil ich zu mir stehe.

#Gesundheit

Ich weiß noch ganz genau, als es damit anfing, dass ich meinem Körper und meinem Aussehen mehr Aufmerksamkeit schenkte. Ich war in der fünften Klasse und beeindruckt von Leons männlicher Ausstrahlung (im Nachhinein betrachtet, wohl eher von seinem Stimmbruch). Leon, das war der 13-jährige Typ, der zwar mehr Fehltage besaß als gute Schulnoten, aber mich hatte es trotzdem so richtig erwischt. Das erste Mal waren meine Klassenkameradinnen nicht nur Freundinnen, sondern ernstzunehmende Konkurrentinnen. Sich unter den Mädels zu vergleichen wurde eine neue Schulattitüde. Obwohl wir alle noch nicht sonderlich viele weibliche Kurven vorzuweisen hatten, durfte ich Anna mit ihren verführerischen dunkelbraunen Augen oder Frieda, die Erste in der Klasse, die sichtlich einen BH trug, nicht ohne Weiteres unterschätzen oder ihnen den Vortritt überlassen. Und obwohl ich absolut keine Ahnung davon hatte, wie das mit der Liebe und den Jungs funktionieren sollte, war mir klar, dass ich Leons Aufmerksamkeit für mich gewinnen und die anderen ausstechen musste. So kam es, dass ich, um bei meinem Schwarm Eindruck zu schinden, richtig damit loslegte, den Stars und Sternchen aus ~~P~~ und TV alles nachzumachen. Beispielsweise ließ ich morge

Frühstück aus, um einen flacheren Bauch zu bekommen und mehr Zeit für meine Schmink- und Parfumorgien zu besitzen, und am Wochenende wurde natürlich ausgiebig geshoppt, denn schließlich musste das wenige Taschengeld (5 DM!) gut investiert werden.

Gestern war noch die Mickey Mouse auf meinem Pullover angesagt und ehe man sich versieht, beginnt der Ernst des Schulalltags und der billige Tanga zwickt dir in den Arsch. Also bitte, wie soll man sich denn da noch auf den Unterricht konzentrieren können?

Dem Himmel sei Dank blieb Leon im nächsten Jahr sitzen und ich bekam in Mathe keine Fünf. Meine Rechenskills reichten sogar aus, um zu dem Ergebnis zu kommen, viel zu viel Zeit und Geld dafür ausgegeben zu haben, irgendwelchen Leons und Tanten Fridis zu gefallen. Dabei hatte ich nur so trendig und cool wie die damaligen Schauspielerinnen von GZSZ (»Gute Zeiten schlechte Zeiten«) aussehen wollen, aber völlig unterschlagen, dass sie vor jedem Dreh gewiss mehrere Stunden in der Maske hatten sitzen müssen.

Nur dass wir uns nicht missverstehen: Am Sicherausputzen oder Sichschickmachen ist absolut nichts verkehrt, sofern man es a) für sich selbst macht und b) eine gesunde/entspannte Definition von Schönheit für sich entwickelt hat. Das ist jedoch bei den Allerwenigsten von uns so und alles andere als leicht zu erreichen, wenn wir in unserem Lebensumfeld und in den Medien permanent damit konfrontiert werden, dass wir so, wie wir sind, nicht gut genug sind und immer noch Optimierungsbedarf besteht: An jeder Ecke finden sich Dutzende unterschiedliche Fitnessstudios und das Internet quillt fast über vor Online-Fitnessprogrammen, die uns daran erinnern, dass wir für einen »attraktiveren« und dazu »gesünderen« Körper besser hart trainieren sollten. Frauenmagazine hören nicht auf, von Wunderdiäten zu berichten, und während wir uns von durchretuschierten Instagram-Accounts blenden lassen, uns dann bald nur noch des »besseren«

Gewichts wegen vegan oder Low Carb ernähren, haben wir uns auch noch schnell eine Yoga-App heruntergeladen, weil das ja gerade jede/jeder macht. Immer noch etwas mehr zu brauchen, haben zu müssen, um mit der Konkurrenz mithalten zu können, das ist eine absolute Spezialität für eine solche leistungs- und wettbewerbsorientierte Gesellschaft wie die unsrige. Doch für alle, die nicht mit den unnatürlichen, in Szene gesetzten Promis, Blog- und Youtube-Stars konkurrieren können – und das werden wohl die meisten sein –, bleibt ein bitterer Beigeschmack des Versagens.

Irrsinnige Schönheitstrends

Der beschriebene Optimierungswahn hat Folgen, die alles andere als gut für Körper, Geist und Seele sind. Noch wütender macht einen das, wenn man checkt, dass entsprechende Angebote im Netz ganz frech aus Marketingzwecken mit dem Hashtag »Gesundheit« versehen werden. Das Frustrierende an der ganzen Sache ist, dass man trotz des Besuchs eines Fitnessstudios und des Befolgens diverser Diät-App-Regeln zwar oft kurzfristige Erfolge bei sich feststellen kann, aber immer noch nicht wie die Frauen und Männer auf den Plakaten aussieht. Und falls wir es dann irgendwann satthaben, unsere Mittagspausen für unser Workout im Park zu opfern, und stattdessen mit unseren Arbeitskolleginnen lieber in das kleine Café um die Ecke zu gehen, sind wir wieder einmal »gescheitert«. Ist aber gar nicht schlimm, denn in der nächsten Klatschzeitschrift wird ja schon wieder eine neue absurde Diät vorgestellt. Wenn es nach diesen Magazinen ginge, wären wir alle nicht nur fit, sondern auch immer top gestylt, interessant, erfolgreich im Beruf, eine liebevolle Mutter und Hausfrau – und bei allem natürlich verdammt sexy! Da komme ich ja schon nur durchs Aufzählen ins Schwitzen.

Das Ergebnis dieses Drucks und des ständigen Vergleichens ist schockierend: Immer mehr junge Mädchen folgen beispielsweise ungesunden Internet-Trends und hungern bewusst, um bestimmte Körperformen zu erreichen. Nach der *Bikini-Bridge* (durch das Dürresein stehen die Hüftknochen so weit vor, dass sie zwischen Hose und Bauch einen luftleeren Raum bilden) und dem *Thigh Gap* (Lücke zwischen den Oberschenkelinnenseiten, die im Stehen auftritt, selbst wenn sich die Knie berühren) macht seit einiger Zeit der aus China kommende Schlüsselbein-Contest unter den Jugendlichen die Runde. Bei der *Collarbone-Challenge* geht es darum, an der Schulterpartie so »knochig« zu sein, dass sich unterhalb des Schlüsselbeins eine Grube bildet, damit dort möglichst viele Münzen platziert werden können. Das ist nicht nur ein Beispiel dafür, welchen immensen Einfluss die Medien auf unser Verhalten mittlerweile haben, sondern auch dafür, welchem gesundheitsschädigenden Schwachsinn junge Mädchen folgen, nur um anderen zu genügen und nicht zurückzubleiben. Die Zahl der Unglückseligen, die sich von sich selbst lieber entfernen als Gefahr zu laufen, von der Konkurrenz abgehängt zu werden, wächst durch die Macht der Medien leider auch unter den Erwachsenen.

Schockierende Zahlen

Ich möchte dir hier nun nicht einfach irgendwelche Zahlen und Statistiken hinklatschen, um dich zu erschüttern und zu zeigen, welche Auswirkungen durch die Medien gepushte Hungertrends haben. (Falls du sie dennoch benötigst, kann ich dir die Bücher *Fuck Beauty!* [2018] von Nunu Kaller und *Nicht direkt perfekt* [2018] von Nicole Jäger empfehlen. Das Zahlenmaterial spricht für sich, außerdem haben mich diese wunderbaren Bücher mit ihrem knallhart ehrlichen Schreibstil unheimlich berührt.) Im Grunde genommen brauchst du nur genauer hinzuschauen, dann wirst du feststellen, dass dir »das Schockierende« bereits seit langer Zeit tagtäglich begegnet. Ich selbst kenne keine einzige Frau in meinem Familien- und Freundeskreis und auch sonst nicht in meinem Umfeld, die wirklich cool mit ihrem Körper ist oder eine entspannte Beziehung zum Essen hat. Wenn ich für jedes »Diät-Gespräch«, das ich bereits in meinem kurzen Leben geführt habe, nur einen Euro bekommen hätte, wäre ich mittlerweile sicherlich stinkreich! Ungelogen, ich kann mich kaum an eine Essensverabredung erinnern, bei welcher nicht mindestens eine Freundin auf Diät war, fastete oder anschließend nicht an einem schlechten Gewissen gelitten hätte.

Seit meiner Kindheit wachse ich mit dem lebendigen Beweis auf, dass schätzungsweise jede zweite Frau in Deutschland essgestört ist und jeder dritte Mensch es in seinem Leben zumindest kurzzeitig ist. Deshalb versetzt es mich auch nicht mehr in absolute Aufregung, wenn ich lese, dass Essstörungen im Jahr 2017 das häufigste psychische Krankheitsbild bei jugendlichen Mädchen waren. Wenn ich ehrlich bin, habe ich absolut nichts anderes erwartet und bin außerdem davon überzeugt, dass, wenn bald nicht mehr Menschen verstehen lernen, dass »ein bisschen Diäten und Verzichten« bei zusätzlich mangelnder oder gänzlich fehlender Selbstakzeptanz meist der Anfang einer Essstörung ist, es bald noch viel schlimmer kommen wird. Denn vielen Menschen ist gar nicht bewusst, dass Essstörungen ernstzunehmende Erkrankungen sind, die im schlimmsten Fall mit dem Tod enden. Darüber hinaus wird jede zweite Patientin rückfällig und ein erneutes Erkranken nimmt einen sehr schweren oder chronischen Verlauf.

Diät – ursprünglich »Lebensqualität«

Bei meinen Recherchen habe ich herausgefunden, dass das Wort »Diät« nicht immer mit Hunger und Verzicht in Verbindung gebracht wurde. »Diät« kommt aus dem Altgriechischen (*diaita* = »Lebensführung«, »Lebensweise«). Die Diätetik beschäftigte sich anfangs mit allen wichtigen Faktoren, die den Körper wie auch die Seele heilen und gesund erhalten sollen. Dabei ging es nicht nur um das Verhindern von Erkrankungen, sondern auch und vor allem um das Etablieren oder Pflegen einer guten Lebensqualität. Heute versteht man unter Diätetik die Beratung und Versorgung von erkrankten Menschen hinsichtlich einer gesunden Ernährung oder von gesunden zur Vorbeugung von Krankheiten. Dass, um eine gute Lebensqualität zu besitzen, jedoch nicht unbedingt eine bestimmte Körperform, ein bestimmtes Idealgewicht oder eine bestimmte Kleidergröße vonnöten ist, ist vielen Menschen heute nicht klar. Das zeigt auch die folgende Geschichte.

Vor einigen Jahren bin ich in meiner Dusche ausgerutscht und habe mir dabei einige Wirbel ausgerenkt. Eine gute Freundin fuhr mich ins

Krankenhaus. Nach einer kurzen Untersuchung und nachdem mich der Arzt wieder eingerenkt hatte, machte er mich darauf aufmerksam, dass ich eine »teigige Struktur« hätte und es ratsam sei, Sport zu treiben, damit sich diese verbessern und ich dazu mehr Muskeln aufbauen könne. Dass ich zu der Zeit eine Ausbildung zur Tanzpädagogin machte und somit täglich mehrere Stunden Sport trieb, traute ich mich nicht zu sagen. Genau solche Äußerungen wie die des Arztes hatten schon früher meine selbstzerstörerischen Zweifel genährt. Und davon hatte ich in der Vergangenheit eine ganze Menge abbekommen.

Sich für eine Ausbildung zu entscheiden, in der es hauptsächlich um die eigene Bewegung und Körperästhetik ging, war nicht ohne, zumal ich jeden Tag in der Tanzschule sehen konnte, was für eine Körperstruktur meine Ausbilderinnen und Ausbilder hatten (es war auf jeden Fall keine »teigige«). Doch das eigentlich Schlimme an dem Tanztraining war, den ganzen Tag vor diesem riesigen Spiegel stehen zu müssen. Äußerlich gab ich mich stets selbstbewusst, doch innerlich sah es oft ganz anders in mir aus. Irgendwie seltsam, sobald die Musik anging, vergaß ich all dies, fühlte mich schön und wusste, dass dies auch andere sehen konnten.

Tanzen hatte schon immer eine außergewöhnliche Kraft auf mich ausgeübt und hat mir geholfen, die Person zu werden, die ich heute bin. Dennoch litt ich früher stark darunter, dass Menschen mich aufgrund meiner Optik für faul, unsportlich oder ungesund hielten, und das, obwohl ich über 14 Jahre lang als Tanzlehrerin unterwegs war. Heute nervt es mich nur noch, denn das Einzige, was hier wirklich »faul« ist, sind solche verurteilende Denkweisen. Nur zur Erinnerung: Der Arzt hat mich nicht einmal gefragt, ob ich Sport treibe, sondern ist einfach anhand meines Körpers davon ausgegangen, dass ich es bestimmt nötig haben würde. Sollte es ein solch belesener und kluger Mensch nicht besser wissen?

Doch nicht nur dieser Arzt hatte anscheinend eine gewisse Vorstellung davon, wie sportliche Menschen auszusehen haben, sondern auch die meisten Menschen, die ich kennenlernte. Sei es auf einer Party, Veranstaltung oder sogar während ich datete, irgendwann kam die

Frage immer: »Und was machst du so beruflich?« Jedes Mal, nachdem ich darauf geantwortet hatte, dass ich Tanzpädagogin sei, wurde ich angeschaut, als hätte ich ein großes Pferd mit einem einzigen Bissen verschluckt. Das Schlimmste daran war allerdings der darauf folgende heimliche Blick, der meinen Körper einmal komplett von unten bis oben scannte. So ähnlich wie bei einem Unfallopfer, bei dem man eigentlich gar nicht wirklich hinschauen möchte, aber doch nicht anders kann und auf die unansehnlichen verletzten Stellen schaut. Nur dass es hier um meinen Körper ging und nicht um den einer verunglückten Person ... Ganz ehrlich, mach dich frei von diesen vorverurteilenden Sichtweisen und lass dich nicht zum »Opfer« machen.

Wer dich als unzureichend betrachtet,
hat selbst ein Problem mit Mangel.

Selbstzweifel & Ersatzdrogen

So schmerzhaft diese Verurteilungen auch für mich waren, unserer Schönheitsindustrie kamen sie gerade recht. Denn je hässlicher ich mich innerlich fühlte, umso mehr Geld gab ich aus, um mich zumindest äußerlich schöner zu finden. In Magazinen und im TV sah ich ständig dünne, glatte Beine, die auch ich sehnlichst haben wollte, und so machten mich meine Selbstzweifel zur perfekten Konsumentin. Sobald eine neue Cellulite-Creme auf den Markt kam, war ich die Erste, die sie haben musste. (Ich hätte mich gewiss auch mit Vogelscheiße eingecremt, wenn man mir vorgeschwärmt hätte, dass meine Beine dadurch schlanker und straffer werden würden.) Die verlockenden Werbeclips sprachen meine tiefsten Sehnsüchte und schlimmsten Selbstzweifel an, sodass ich nicht bemerkte, dass keine einzige Creme irgendetwas bewirkte, außer meinen Geldbeutel zu leeren. Ich stieg auch nicht dahinter, dass so viele Cremes und Mittelchen jährlich erst gar nicht auf den Markt kommen würden, wenn nur eine einzige das hielte, was in der Werbung von ihr versprochen wurde.

Was mich im Nachhinein wahrhaftig an meinem damaligen Konsum stört, ist nicht mein herausgeworfenes Geld, sondern die bittere Enttäuschung, die übrigblieb, wenn ich wiederholt feststellen musste, dass sich wieder einmal nichts verändert hatte. Dazu kam, dass, wenn die eigenen Bemühungen einen noch frustrierter zurückgelassen hatten als zuvor, es erst richtig teuer wurde, seinen Schmerz darüber zum Schweigen zu bringen. Dann ist man nämlich bereit, alles zu konsumieren, was einem schnellstmöglich ein gutes Gefühl verschafft. Manchmal bleibt es »nur« bei einem Friseurbesuch, aber vielleicht muss es auch noch das schöne rote Kleid aus dem gegenüberliegenden Laden sein. Und du weißt, was das bedeutet: Richtig, man braucht auch noch die passenden Schuhe dazu … Diverse solcher Kaufrauscheroberungen hingen lange in meinem Kleiderschrank. Die meisten davon habe ich nie getragen und wenn, dann nie wirklich lange, weil sie mir meist schon bald gar nicht mehr gefielen oder sie doch nicht so gut saßen, wie ich es bei meiner Shoppingtour, die mein Selbst beschwichtigen sollte, wahrgenommen hatte. Doch anscheinend musste ich mein Geld und meine Zeit so lange auf diesem Weg verschwenden, bis ich es endlich lernte, mit meinen eigenen Abwertungen und den Verurteilungen anderer besser umzugehen.

Deine größte Problemzone sind deine Gedanken

Unsere Gedanken bestimmen darüber, wohin wir unsere Aufmerksamkeit lenken. Haben wir überwiegend positive, dann sind wir eher froh gestimmt, haben wir jedoch eher negative und haben eher Probleme und mögliche Schwierigkeiten im Blick, ziehen wir genau das für unser Leben an (vgl. dazu auch Kap. 8 »Dein Oberstübchen«, S. 155).

Du hast ein Recht auf deine »Makel«

Nicht nur »zu viele« Kilos verursachen einen tiefen Schmerz, sondern auch zu wenige. Ich spreche hier nicht von Essstörungen, wo es den Erkrankten oft auf jedes Gramm ankommt, sondern ich denke hier an gesunde Frauen, die etwa wegen einer schmalen Taille und/oder »zu wenig« Brustumfang oft große Schwierigkeiten haben, sich begehrenswert oder gar »weiblich« zu fühlen. Oder an Männer, die wegen ihrer Körpergröße (»zu klein«) leiden und sich dadurch selbst nicht als »männlich genug« empfinden. Doch auch ein kleiner Mann ist ein Mann, und jede/jeder von uns definiert ganz individuell, was sie/er für sich als schön und attraktiv empfindet, und das hat nicht unbedingt etwas mit den etablierten weiblichen und männlichen Geschlechterrollen zu tun. Seine eigene Definition von Schönheit aufzustellen, ist jedoch, wie wir wissen, nicht so einfach. Auch ich hatte lange Zeit durch Medien und Co. ein vorgegebenes Idealbild, das mir vorschrieb, wie ich als Mensch, vor allem aber als »Frau« auszusehen hätte.

Passend an dieser Stelle möchte ich die Gelegenheit nutzen, mich bei allen Menschen und vor allem bei meinen Freundinnen zu entschuldigen, deren Leid ich nicht sah und die ich mit unsensiblen Pauschalsätzen wie »Ach, ich weiß gar nicht, was du hast, du siehst doch klasse aus« abgespeist habe. Ich war lange Zeit wirklich der festen Überzeugung, dass Frauen mit dünnen Beinen kein Recht dazu hätten, ihre Beine als unschön zu empfinden, denn wie gerne hätte ich selbst etwas schlankere gehabt. Doch niemandem steht es zu, über die Gefühle anderer zu entscheiden oder gar darüber zu richten. Gefühle gehören den Personen selbst und richten sich danach, welche Maßstäbe die oder der Einzelne an sich selbst anlegt und wie sie oder er sich danach beurteilt.

Wir werden andere nie so wahrnehmen können, wie sie sich selbst sehen, ihre Emotionen nie eins zu eins nachfühlen und schlussendlich auch nie ganz begreifen können, wie es sein kann, dass sie sich für ihren Körper schämen. Indem wir selbst begreifen, dass uns unabhängig von unserer geschlechtlichen Identität keine Kleidungsgröße und kei-

Auch
ein kleiner Mann
ist ein
Mann!

ne bestimmte Körperform vor der eigenen Kritik, dem ständigen Vergleichen und Bewerten schützt, geben wir jedem wieder mehr Freiheit, sich selbst zu akzeptieren, samt allen Gedanken, Gefühlen und »Körpermakeln«. Das ist der erste Schritt auf dem Weg zu mehr Selbstakzeptanz.

Makel = Merkmale mit Wiedererkennungswert

Jeder Mensch hat also ein Recht darauf, etwas an sich, seinem Körper als Makel zu deklarieren und deswegen einen Schmerz zu empfinden, selbst die oft so perfekt und wunderschön anzusehenden Models, die wir alle aus der Werbung kennen. Doch obwohl ich jedem ein derartiges Recht hier zuspreche, stellt sich für mich hier die Frage, ob es nicht auch anders geht. Etwa indem wir lernen, den Schmerz, der in uns ist, anzunehmen, durch Selbstliebe zu heilen und langfristig weniger zu leiden.

Der Gedanke, dass wir uns selbst anscheinend alle ziemlich »unperfekt« finden, löst in mir höchste Sympathie aus und macht mir bewusst, dass uns Menschen viel mehr miteinander verbindet als trennt. Zusätzlich befreit er mich von vernichtenden Glaubenssätzen und fordert mich regelrecht dazu auf, eine fette Arschbombe mitten ins Leben zu machen und dabei ganz laut zu schreien: »Schaut mich an, hier bin ich, in meiner vollen Sandra-Pracht. Für mich gibt es absolut keinen Grund mehr, mich zu verstecken. Denn ich habe begriffen, dass gerade die Dinge, die wir nicht an uns lieben, gleichzeitig auch die Dinge sind, die uns so einzigartig machen.« Diese Erkenntnis hat mir geholfen, aus meinem eigenen »Irgendwann-Modus« (irgendwann trag ich einen kurzen Rock, einen Bikini, gehe nackt schwimmen usw.) auszubrechen und endlich in den »Sein-Modus« zu wechseln.

Ich bestehe eben nicht nur aus meinen dicken Beinen, und ich möchte sie auch nicht an jedem gottverdammten Tag aus vollem Herzen lieben. Aber ich kann akzeptieren, dass sie wichtige Bestandteile meines Körpers sind und mir dadurch, wie sie gestaltet sind, auch einen gewissen Wiedererkennungswert verschaffen, den ich mittlerweile wirklich sehr zu schätzen weiß. Wir Menschen brauchen doch genau diese optischen Unterschiede, um uns voneinander abzuheben und uns überhaupt wiederzuerkennen. Ohne Unterschiede wäre es nicht nur unheimlich langweilig, sondern auch sehr schwierig, jemanden in einer Masse von Menschen wiederzufinden. Stell dir beispielsweise vor, du befindest dich auf einem riesigen Flohmarkt, der extrem überlaufen ist, und deine Aufgabe ist es, mich zu finden! Falls du nicht auf den Kopf gefallen bist, wirst du, nachdem ich meine kleinen Stampferchen nun so oft erwähnt habe, nach genau diesen Ausschau halten. Und wenn du dann noch die Kategorie »buntester Look« in deine Suchkriterien aufnimmst, hast du mich sicher in Nullkommanichts gefunden. Es ist ein bisschen wie mit dem Kinderbuch *Wo ist Walter* (1990) von Martin Handford. Auch Jahre nach meiner Kindergartenzeit weiß ich noch, dass Walter – der Typ, den man in diesen Wimmelbildern gesucht hat – eine längliche, schmale Figur besitzt und eine schwarze Brille trägt. Und was Walters schwarze Brille ist, sind bei mir eben meine dicken Beine und mein großer Po. Dies ist keine Beleidigung meiner selbst, sondern lediglich eine Beschreibung meiner Körpermerkmale mit Wiedererkennungswert. Doch warum fühlt es sich dann für die meisten trotzdem so kränkend und verletzend an, wenn man etwas Derartiges hervorhebt? Weil in unserer Gesellschaft gerade das Wort »dick« mit »hässlich«, »unbeliebt«, »bequem«, »ungepflegt«, »ungesund« und vor allem »unsexy« assoziiert wird.

Ich sehe das ganz anders. Vor allem durch Instagram lerne ich nun täglich Frauen mit größeren Kleidungsgrößen kennen, die nicht nur wunderschön, sondern auch ziemlich sexy sind und sich endlich den Raum nehmen, sich zu präsentieren! Diese Erfahrung und die Erkenntnis, dass nicht irgendwelche Makel mein Problem sind, sondern die Art und Weise, wie ich darüber denke, haben mir am meisten dabei geholfen, mich so zu akzeptieren und schön zu finden, wie ich bin, und meine sinnliche und erotische Seite noch intensiver zu entdecken und auszuleben. Nach jahrelangen Frustattacken vor dem Spiegel war ich es so leid, ständig nur Dinge an mir aufzuzählen, die anscheinend nicht gut genug waren, sodass ich beschloss, meinen Fokus bewusst neu auszurichten. Statt nur meinen dicken Oberschenkeln Aufmerksamkeit zu schenken, begutachtete ich nun zuerst die Details an meinem Körper, die bei mir absolut gut geraten sind. Und plötzlich sah ich einen wahnsinnig tollen Busen, sinnliche Lippen und eine scharfe Silhouette. So viele wunderschöne kleine Einzelheiten, die ich mir so vorher nie bewusst gemacht hatte, und das nur, weil ich meinen Blick auf Dinge beschränkt hatte, die ich nicht so toll an mir fand. Plötzlich hatte ich verstanden, dass ich nach Jahren des Selbstniedermachens die gleiche Energie genauso gut darauf verwenden konnte, mich zu feiern. Zudem fühlte sich diese andere Perspektive eindeutig besser an. Mir war klar: Je mehr ich mit mir selbst im Reinen bin, umso weniger Fläche biete ich anderen, mich anzugreifen oder sogar zu verletzen. Seitdem sind für mich meine Stampferchen wie für Jennifer Lopez der Po ein Vermögen schwer.

◡ ◡ Body Shaming

Body Shaming (Menschen für irgendeinen Teil ihres Körpers beschämen) hat viele unterschiedliche Formen. Die bekannteste stellt wahrscheinlich das Beleidigen und Bloßstellen von Personen wegen irgendeines »Körpermakels« in der Öffentlichkeit dar. Vor allem im Internet trifft man häufig auf *Fat* und *Skinny Shaming*. Der Kampf gegen den eigenen Körper beginnt jedoch im Grunde in einem selbst. Deswegen ist es wichtig, sich erst einmal darüber klar zu werden, wie oft frau sich selbst niedermacht, um anschließend Möglichkeiten zu finden, das eigene Verhalten in einen heilenden Umgang mit sich selbst zu verwandeln.

Schönheitsideale & Selbstzweifel

Tja, vor allem die Größe hat es uns anscheinend allen sehr angetan – sei es der zu große Po, die zu kleinen Brüste, die zu große Nase oder der zu kleine Penis, die alle für viele Komplexe und negative Körperwahrnehmungen verantwortlich sind. Doch ist das wirklich wahr, dass die genannten Körperteile erst ab einer bestimmten Größe als schön bezeichnet werden können? Ist es nicht vielmehr so, dass Medien und Werbung ganz bewusst nahezu unerreichbare Schönheitsideale kreieren, um uns wegen unseres Aussehens Komplexe überhaupt erst einzureden? Es sind Ideale, an denen die meisten Menschen scheitern und unter welchen zusätzlich ihr Selbstwertgefühl leidet. Nach so etwas zu streben, das klingt erst einmal ziemlich absurd. Aber glauben wir erst einmal daran, das eine oder andere Ideal erreichen zu müssen, um in der Welt Anerkennung zu finden, sind wir auch schon anfällig für die Manipulationen in der Werbung geworden, bestimmte Produkte einer Industrie zu kaufen, die zum größten Teil überhaupt erst verantwortlich für unsere Selbstzweifel ist. Immer und überall wird uns eingeredet, dass wir Mängel hätten, um uns einzubläuen, wie nötig wir Heil- oder Gegenmittel brauchten, um unseren »unzureichenden« Körper in Ordnung und in die Spur zu bringen. Da ist dann vielleicht nicht nur in einen monatlichen Fitnessstudio-Beitrag zu investieren, sondern sind weitaus größere Summen lockerzumachen, wie etwa für einen neuen Busen und das angeblich dadurch zu gewinnende neue Leben. 2017 wurden in Deutschland schätzungsweise 50 000 Schönheitsoperationen durchgeführt, ganz weit oben rangieren Brustvergrößerungen und Fettabsaugungen.

Privilegierte Enthaarungsgesellschaft

Es sind aber nicht nur zu große, zu kleine, zu schmale oder zu dicke Körperformen, welche junge Leute oder Erwachsene beschämen und an ihrem Selbstbild kratzen, sondern auch unreine Haut, Rötungen, Pickel und Narben. Kein Wunder, denn professionell geschminkte Models zeigen uns auf retuschierten Werbefotos ständig, dass der Traum von einer makellosen Haut anscheinend nur ein paar teure Creme-Tuben und Kosmetikbehandlungen von uns entfernt ist. Sogar unsere Behaarung ist anscheinend nie richtig, so wie sie wächst. Undichtes Kopfhaar ist nicht im Trend und zu viele Haare an unerwünschten Stellen, wie etwa der Damenbart, sind auch verkehrt. Es wird rasiert, gewachst, epiliert und sogar gelasert, um anschließend eine so glatte Haut wie möglich zu haben. Da ist es nicht erstaunlich, dass die Deutschen im Jahr 2017 vermutete 13 Milliarden Euro für Kosmetik ausgegeben haben. Rupi Kaur, eine in Indien geborene kanadische Dichterin und Illustratorin, schreibt in ihrem Buch *Milch und Honig* (2017, S. 193): »... wenn es auf unserem Körper kein Haar geben sollte, dann würde es darauf gar nicht erst wachsen – wir liegen im Krieg mit unserer eigenen Natur«. Wie wäre es also stattdessen, wenn wir uns zu unserer »Natur« mutig bekennen würden? Hier fällt mir nicht nur Conchita, alias Tom Neuwirth, ein, der sich als Dragqueen mit Vollbart selbstbewusst auf die Bühne stellt, sondern ich muss auch an unterschiedliche Frauen denken, die ihr Haar – und damit meine ich nicht das auf dem Kopf – als Frau einfach wachsen lassen. Besonders mag ich die Story von Harnaam Kaur, weil sie zu ihrem außergewöhnlich starken Bartwuchs nicht nur steht, sondern das Pflegen und Präsentieren ihrer Haarpracht regelrecht zelebriert und somit das klassische Schönheitsbild von Mann und Frau ordentlich durcheinanderbringt.

Das heißt jetzt aber nicht, dass jede Frau sich nun einen Bart wachsen lassen muss, um der Schönheitsindustrie den Stinkefinger zeigen zu können. Ich habe für mich festgestellt, dass je inniger ich mich mit Dingen in meinem Leben beschäftige, die ich wirklich wichtig finde und die mich begeistern – wie etwa, dieses Buch zu schreiben –, desto uninteressanter mein Erscheinungsbild für mich wird und was andere darüber sagen. Wenn ich dies tue, definiere ich meine Attraktivität durch mein Handeln und nicht »nur« durch mein Äußeres und das fühlt sich selbstbestimmter und dadurch auch lebendiger an. Ich weiß, dass der Kalenderspruch »Tu mehr von den Dingen, die du liebst« schon ganz schön ausgelutscht ist – wahrscheinlich weil wir ihn alle so dringend nötig haben. Doch daran gibt es keinen Zweifel: Durch das, was wir gerne, gar mit Begeisterung, tun, wächst und gedeiht unser Selbstbewusstsein besser. Und dies wiederum führt dazu, dass wir weniger unzufrieden mit uns sind und somit auch weniger anfällig für manipulierende Werbung.

Mein Körper ist mein Garten.
Hier darf wachsen,
was ich will!

Sich Problemzonen einreden

Insgesamt ist es wirklich erschreckend, wie viel Energie und Zeit wir täglich auf unser Äußeres verwenden. Vor Kurzem meinte eine Freundin zu mir, mein Gesicht habe eine Feuchtigkeitsmaske bitter nötig. Also wollte ich mir »schnell« eine besorgen gehen. Aus dem »schnell« wurde aber nichts, denn das Angebot im Drogeriemarkt war einfach viel zu groß. Es gab Gesichtsmasken in allen verschiedenen Varianten, und dies jeweils auch noch für verschiedene Altersgruppen und in unterschiedlichen Preiskategorien. Ich war sichtlich überfordert und zusätzlich kostete mich diese kleine Beauty-Aktion wieder einmal viel mehr Zeit und Geld als ursprünglich geplant, denn ich konnte mich nicht entscheiden und aus der einen Gesichtsmaske wurden irgendwie zwei volle Tüten.

Ich gebe es ja zu, manchmal möchte ich den kleinen pinken Glitzer-Shampoo-Fläschchen glauben, dass mein Haar nach dem Waschen aussieht wie das einer Prinzessin aus dem Orient. Doch die Freude an meinen neuen Errungenschaften hält meist nicht lange an. Noch während ich die Tüten leere, bemerke ich, dass ich mal wieder in die Marketing-Falle getappt bin und mein Geld für unnötigen Kram ausgegeben habe. So habe ich mich viele Jahre mit den unterschiedlichsten Produkten zugemüllt und muss auch noch heute gewaltig aufpassen, beim Einkaufen nicht wegen Dingen schwach zu werden, die ich eigentlich gar nicht brauche. Aber haben mich diese ganzen Produkte wenigstens schöner gemacht? Ich glaube nicht. Gerade angesichts dessen, dass sich nicht nur in den meisten Shampoo-Fläschchen ein Haufen chemischer Mist befindet, sollte einem bewusst werden, wie viel unnötigen Luxus und welches Übermaß an unsinnigen Optimierungsmöglichkeiten unsere westliche Konsumwelt uns aufdrängen möchte.

Leider verleitet einen das sinnlose Überangebot in den Kaufhausregalen dazu, sich stets neue »Problemzonen« einzureden. Abgesehen davon kann das Gefühl, das bei dem Gedanken entsteht, sich stets noch ein wenig schöner aufpimpen lassen zu können, gefährlich süchtig machen. Dazu kommt das Vergleichen mit Personen aus dem eigenen

Umfeld: Erst als sich mehrere meiner Freundinnen ihre Wimpern verlängern ließen, machte ich mir plötzlich auch über meine Gedanken. Davor waren sie für mich völlig okay gewesen, so wie sie waren, danach war ich allerdings schon wieder von diesem ganzen Zu-viel-oder-zu-wenig-Haarthema extrem gestresst. Wir reden hier von den kleinen Härchen am Augenlid, die unsere Augen vor Schmutz schützen sollen. Wie lächerlich ist es, sagte ich mir, dass unsere Haare an gewissen Körperstellen entfernt sein sollen und an anderen Stellen dafür wieder angeklebt werden, und stellte infrage, ob ich überhaupt diese langen Wimpern haben muss.

> *Wenn wir ehren, was wir alles haben,*
> *ehren wir auch das, was andere nicht haben.*

Angesichts all der irrsinnigen und widernatürlichen Haartrends und unserer Not, mit dem Überangebot an Schönheitsprodukten in Drogeriemärkten umgehen zu müssen, sollten wir uns bewusst machen, mit was für Luxusproblemen wir uns herumschlagen. In der Tat gehören wir zu einer privilegierten Minderheit, die in solch einem Reichtum und in solch einer Fülle lebt, dass sie es sich leisten kann, sich angesichts eines Überangebots an Haarwaschmitteln im Regal überfordert zu fühlen, während etliche Menschen auf dieser Welt ums nackte Überleben kämpfen und sich mit weitaus existenzielleren Sorgen herumschlagen müssen. Das bedeutet aber nicht, dass wir uns für unseren Seelen- und Körperschmerz schämen, und erst recht nicht, dass wir ihn verleugnen müssen. Im Gegenteil sollten wir ihn, wie schon erwähnt, sehen, annehmen und ihm Beachtung schenken (siehe dazu »Hinweis« in Kap. 6 unter »Feste Ich-Zeiten«, S. 151). Auch wenn wir in uns ein Leid spüren, sollten wir uns in einem anderen Teil von uns glücklich schätzen, dass es uns so gut geht, unsere Grundbedürfnisse erfüllt sind und wir nur deshalb überhaupt die Zeit und die Energie besitzen, uns über solche marginalen Details in unserem Leben wie die Ästhetik unserer Körperbehaarung Gedanken zu machen.

Sich in mehr Dankbarkeit und Demut zu üben hilft, das, was man besitzt und hat, nicht als selbstverständlich hinzunehmen, sondern es wirklich wertzuschätzen. Wenn wir versuchen, uns öfter daran zu erinnern, unsere Möglichkeiten und Chancen zu ehren, ehren wir auch das, was Andere erst gar nicht geboten bekommen.

Ich kann mich bei niemandem dafür entschuldigen, dass ich in Deutschland geboren wurde, denn kein Mensch kann sich entscheiden, aus welcher Vagina er auf diese Welt schlüpft, aber ich kann mein Glück und den puren Zufall, in einem der reichsten Länder auf die Welt gekommen zu sein, bewusst wertschätzen und meine Chancen, die mir damit gegeben sind, dankend wahrnehmen.

Ich frage mich oft, was Frauen, die in lebensbedrohlicheren Verhältnissen leben, wohl darüber denken würden, wenn sie wüssten, dass so viele Frauen, in der westlichen Welt ihre meiste Zeit damit verplempern, schön auszusehen. Unser Wohlstand und unsere Konsumgesellschaft lässt uns zwar im Außen wachsen, aber sie macht uns abhängig und lässt uns innerlich immer schwächer zurück. Glaub mir, auch du kannst es schaffen, aus diesem Schönheitswahn, der dich von dir selbst entfernt, auszusteigen, indem du anfängst, deine Gedanken und dein eigenes Kaufverhalten mehr zu reflektieren. Nach und nach wirst du begreifen, dass du mehr bist als nur dein äußeres Erscheinungsbild.

◡◡ Mehr, als man sieht

In dem wunderschönen Dokumentarfilm *Embrace – Du bist schön* von Taryn Brumfitt (2017) hat mich eine Filmstelle besonders stark berührt. Ich meine die, wo Turia Pitt interviewt wird, die 2011 während eines 100-Kilometer-Outback-Marathons in ein Buschfeuer geraten ist und dabei schwere Verbrennungen erlitten hat. Über 60 Prozent ihrer Haut waren verbrannt. In dem Gespräch erzählt sie, dass ihr Mann gefragt wurde, warum er nach dem Unfall noch bei ihr bleibe. Das machte sie unheimlich traurig, denn sie überlegte daraufhin, ob sie allein dafür wertgeschätzt und geliebt wurde, dass sie zuvor ein so hübsches Mädchen gewesen war. Dabei war sie doch so viel mehr, als man sehen konnte! Diese selbstbewussten Worte beeindruckten mich unheimlich und machten mir noch deutlicher, dass wir weitaus mehr sind als das, was man mit dem bloßen Auge von außen wahrnehmen kann.

Wie ideal sind Schönheitsideale eigentlich?

Wenn man sich des ganzen Ausmaßes bewusst wird, den der alleinige Fokus auf das Äußere anrichten kann, und sich klarmacht, dass etwa das Krankheitsbild »Essstörung« früher so gar nicht existierte und schlank zu sein auch noch nicht erstrebenswert war, wird einem vielleicht bewusst, dass Schönheitsideale alles andere als perfekt und in Stein gemeißelt sind. Sie machen nicht nur krank, sondern ändern sich temporär auch immer mal wieder. Und für diese zeitweiligen hippen Trends opfern dann viele ihre Gesundheit und eine gute Beziehung zu sich selbst. Ja, Schönheitsideale ändern sich, und was heute und hier als schön gilt, das wird morgen und woanders noch lange nicht als »mega-in« gefeiert.

In einer Epoche, in der Aldi und Lidl noch nicht an jeder Ecke vorzufinden waren und die Menschen sich ihre Nahrung körperlich hart erarbeiten mussten, galt beispielsweise Dicksein eher als schick. Es gibt eine Unmenge von Bildern in Galerien, auf denen »gut genährte«

Attraktivität endet nicht bei Größe 38!

weiße Frauen das einstige Schönheitsideal bestätigen. Auch noch heute kennzeichnen kräftige Frauen diese Auffassung von Schönsein in weiten Teilen Afrikas. In vielen ärmlichen Ländern ist Speck an den Hüften ein Zeichen für Luxus und einen guten wirtschaftlichen Stand. Einige afrikanische Frauen werden sogar gemästet und zwangsgefüttert, um für den Heiratsmarkt an Attraktivität dazuzugewinnen (wie jedes Extrem keine besonders schöne und gesunde Angelegenheit). Jedes Land, jede Kultur und jede Zeit bringen also ganz eigene Ideale hervor und wirken sich auf ihre Art und Weise auf das Leben der Menschen in der jeweiligen Gesellschaft aus. So hat sich mittlerweile unsere aktuelle einseitige westliche Definition von Schönheit durch die Medien bereits weltweit verbreitet, auch bis auf die Philippinen: Noch vor einigen Jahren war dort ein Schönheitsideal wie in Teilen Afrikas vorzufinden. Doch nachdem es erste Fernsehapparate auf die Insel geschafft hatten, konnte man in kürzester Zeit mit Erschrecken beobachten, wie es sich dort rasant veränderte. Diäten und Schönheitswettbewerbe hatte das Land zuvor nicht gekannt und heute gehören die bei uns schon so fragwürdig erscheinenden *beauty challenges* nahezu zur Kultur. In unserer modernen Wohlstandsgesellschaft, in der Lebensmittel überall und fast immer im Überfluss zu haben sind, ist Verzicht (Diäten und Fasten) zum Kult geworden. Irgendwie ziemlich absurd, wenn man bedenkt, dass wir zu einer privilegierten Minderheit gehören, die den Vorzug hat, diesen Luxus überhaupt genießen zu können. Wie kann es da sein, dass die meisten von uns freiwilliges Hungern vorziehen, statt sich das vorhandene Essen einfach gut schmecken zu lassen?

Du bist gut, so wie du bist!

Ich glaube, das Thema »Schönheit« bereitet dir erst dann keine »Bauchschmerzen« mehr, wenn du dich damit gründlich auseinandergesetzt und dazu eine eigene Gleichung aufgestellt hast. Das Gute daran ist, dass es nicht wie im Matheunterricht nur den »einen richtigen Weg« gibt, um ans Ziel zu kommen und sich schön zu fühlen, sondern es existieren unterschiedliche. Ausschlaggebend ist am Ende schließlich ja nur, dass das Ergebnis dir ein Wohlgefühl bringt und dir bestätigt: »Ja, du bist gut, so wie du bist.« Immer noch nicht überzeugt? Du bist eher der Meinung, dass vermeintlich »attraktive« Menschen, die irgendeinem Ideal entsprechen, es leichter im Leben haben und schneller vorankommen? Doch dem ist nicht so, denn Attraktivität endet nicht bei einer bestimmten Gewichtsanzeige auf der Waage, einer bestimmten Kleidergröße oder einem bestimmten Fitnessstatus, sondern ist vielmehr passé, wenn du dich sichtlich nicht mehr wohlfühlst. Und wirkliches Wohlfühlen entsteht wiederum in dir und nicht durch die Annäherung an irgendwelche Schönheitsideale unserer Zeit. Attraktivität und Schönheit sind der Mut, seine eigene Wahrheit zu finden und zu leben.

Deine eigene Definition von Schönheit

Kannst du dich eigentlich noch an deine Mathelehrerin oder an deinen Mathelehrer erinnern? Daran, wie sie/er aussah oder was sie/er am liebsten trug? Ich nicht! Doch ich kann mich genau daran erinnern, wie ich mich in der Gegenwart meiner Mathelehrerin gefühlt habe, auch nach all den Jahren.

Wie wir von Menschen behandelt worden sind, wie wir selbst andere oder uns selbst in bestimmten Situationen behandelt haben, das bleibt meist unvergessen. Denn im Gedächtnis bleibt, was mit Gefühlen verknüpft ist, und wohl weniger rein äußerliche Details. Das Emotionale und die Art und Weise, wie wir Beziehungen führen, vor allem die mit uns selbst, beeinflussen unser Leben und Wohlbefinden am stärksten. Eine gute Beziehung zu sich selbst zu haben, ist da also schon die halbe Miete!

Mein Körper mag für andere dicklich sein – teigig, weich, übergewichtig, breit, drall, gut genährt, korpulent, vollschlank, kräftig oder pummelig. Dennoch durfte ich in den letzten Jahren lernen, wie begehrenswert er ist, und auch, was für eine wunderbare Arbeit er leistet. Deshalb lautet mein Körper-Mantra:

Vielleicht gleicht mein Körper für andere eher einer Villa Kunterbunt als einem Zweimillionen-Penthouse, aber für mich ist und bleibt er für immer mein wichtigstes, erstes Zuhause.

Sich seine eigene magische Formel oder eine sich gut anfühlende Definition von Schönheit aufzustellen, ist der erste Schritt, zu sich selbst zu finden und sich lieben zu lernen.

Was sagt Silke dazu?

Energie folgt immer der Aufmerksamkeit. Deswegen überprüfe deine Gedanken. Was wirbelt da den ganzen Tag in deinem Kopf herum? Sind es Gedanken über dich, die dir guttun? Oder machst du dich ständig runter? Denkst du immer wieder: »Dieser blöde Bauch nervt mich!«? Oder lenkst du deine Aufmerksamkeit auf deine schönen Augen oder deine schönen Beine? Welches Selbstbild hast du? Es ist deine Entscheidung … Und du kannst sie jede Sekunde von Neuem treffen.

Übung: Was gefällt dir an deinem Körper am meisten? Nimm spontan die ersten drei Gedanken, die dir dazu einfallen. Schreibe sie auf ein schönes Stück Papier und schau es dir im Laufe des Tages immer wieder an, auf jeden Fall morgens und abends. Zur Intensivierung dieser Übung kannst du dir aus dem Netz eine kostenlose Reminder-App auf dein Smartphone herunterladen. Sie hilft dir, dich mit einem Tonsignal (stündlich oder in einem anderen Rhythmus) zu erinnern, kurz innezuhalten und dich auf die Körpermerkmale auf deinem Zettel zu besinnen. Dadurch fühlst du dich gut und gestärkt. Nach 21 Tagen nimmst du dir drei weitere Merkmale vor. Beobachte dich, wie du deinem Körper gegenüber immer positiver wirst.

4 Der Bauch – dein »emotionales Gehirn«

Die Beziehung zu unserem physischen Bauch, wie wir ihn empfinden, bewerten und welchen Gefühlen wir dort Raum geben, sagt viel über uns selbst und darüber aus, welchen Wert wir uns beimessen. Oft vergessen wir, was er für uns tagtäglich leistet. Er ist unser kleiner Antreiber und liefert dem gesamten Körper die Energie, die er zum Leben braucht. In ihm wird aber nicht nur das, was wir zu uns nehmen, verarbeitet, sondern auch alle Lebensthemen, mit denen wir uns tagtäglich »füttern«, um sie anschließend irgendwie zu »verdauen«. Unser Bauch ist das Zentrum, welches unsere äußere Welt mit der inneren verbindet und Seelenthemen Platz einräumt.

Wie ich eine bessere Beziehung zum Essen bekam

Erst einmal hatte ich gar keine gute Beziehung zum Essen, denn das verhinderte ja, dass ich das Ideal erreichte, dem ich zu entsprechen suchte. Ich assoziierte damit ja eher etwas Schlechtes, dem es durch Hungern (Diäten) aus dem Weg zu gehen galt, oder etwas, dessentwegen man ein schlechtes Gewissen haben musste, wenn man schwach geworden war und doch mal wieder zugeschlagen und etwas Leckeres verputzt hatte.

Hungern, um sich den Bauch vollschlagen zu können

Selbstredend, dass Hungern Bauchschmerzen verursacht, doch für mich war es lange Zeit die effektivste Methode, wieder an Gewicht zu verlieren. Jahrelang aß ich, um dann anschließend wieder nichts zu essen. Gerade nach Feiertagen, wie an Weihnachten, kam ich mit meiner Drei-Tage-nichts-essen-Methode zwar um einiges leichter wieder in meine Hosen, war dafür aber super hungrig. Doch mit den Jahren wurde aus den drei, vier, fünf Tagen irgendwann eine ganze Woche.

Und meine Herangehensweise machte es mir immer weniger möglich, mein »Ziel« zu erreichen, nach einer Phase des Zunehmens wieder in meine Kleidung hineinzupassen, die mir zu eng geworden war. Eine gute Beziehung zum Essen sieht anders aus!

Meine Mamko hat sich gewiss bei meiner Erziehung Mühe gegeben, doch wenn man alleinerziehend ist, fehlt manchmal nicht nur das Geld, sondern eben auch die Energie, frisch und ausgewogen zu kochen. Also bin ich sozusagen zwischen Fix-Tüten-Fertiggerichten groß geworden. Salat war für mich nur eins: Dekoration auf einem Teller. Eigentlich bestand mein mangelndes Vertrauen in gesundes Essen nur aus Unwissen. Richtig leckeres Essen lernte ich erst bei meiner Tagesmutter Marlies kennen. Justus Jonas, konnte die kochen! Und zu all den Leckereien, die sie so auf den Tisch zauberte, servierte sie regelmäßig noch italienische und schwäbische Gerichte. Aber wirklich gelernt, wie das mit dem Kochen geht, habe ich irgendwie nie.

Nach meinem Auszug aus der Außenwohngruppe (Heim) lernte ich auch den unfreiwilligen Hunger kennen. Meine Mahlzeiten bestanden hauptsächlich aus 50-Cent-Toastbroten und einer billigen Margarine. Und falls das Geld mal wieder zu knapp war und der Stolz zu groß, jemanden um Hilfe zu bitten, wurde eben so lange gefastet, bis wieder Cash da war. Meine finanzielle Lage beschämte mich sehr und umso mehr genoss ich jedes Gratis-Essen, das ich abstauben durfte. Besonders bei Familienessen stopfte ich mir den Bauch so voll, bis es schmerzte. Irgendwann hatte ich mir dadurch mein Sättigungsgefühl komplett verdorben.

Nachdem es beruflich immer steiler bergauf ging, hatte ich zwar endlich wieder Geld fürs Essen, aber nicht wirklich die Zeit und die Kraft, mir etwas »Anständiges« zuzubereiten. Ich aß fast nur unterwegs oder im Auto. Morgens kaufte ich mir ein belegtes Brötchen beim Bäcker, mittags eine süße Kleinigkeit und abends holte ich mir dann noch schnell eine warme Fastfood-Mahlzeit. Ich kann es nicht leugnen: Vor allem ein oder gar mehrere Burger machten mich damals wirklich happy. Meine Liebe zu Burgern bekam auch meine Familie mit. Da ich damals unheimlich viel tanzte, sah man mir meine ungesunde Ernährung nicht sofort an. Doch sobald sich der ein oder andere Burger nicht mehr abtrainieren ließ, wurden die Kommentare immer schärfer und die Blicke auch böser. Ich hatte das Gefühl, dass man mir ständig auf den Teller schaute, und aß ab diesem Zeitpunkt nur noch ungern in Gesellschaft oder vor fremden Leuten.

(Selbst-)Liebe geht durch den Magen

Die jahrelange ungesunde Ernährung, der Hunger und das anschließende schlechte Gewissen hatten mir mein Essverhalten ordentlich versaut. Erst Silke, meine Heilpraktikerin, machte mich darauf aufmerksam, dass ich mir durch mein Essverhalten nicht nur den Magen verdorben hatte, sondern zum Teil dadurch auch meine Schlafstörungen hervorgerufen wurden. Daraufhin machte ich das erste Mal eine 30-tägige basische Umstellung und war somit gezwungen, für eine ausgewogene Ernährung zu sorgen und nur frische Lebensmittel einzukaufen. Ich lernte Obst- und Gemüsesorten kennen, die ich zuvor noch nie gesehen, geschweige denn gekostet hatte. Und tatsächlich machte mich die neue Essensumstellung um einiges ruhiger und verhalf mir, ohne langes Umherwälzen endlich besser einzuschlafen. Heute, einige Jahre später, ist es fast schon eine Ironie des Schicksals, dass mein aktueller Freund Vegetarier ist. Und statt wie sonst, wenn ich verliebt bin, mein körpereigenes Glückshormon Dopamin und meine Stresshormone für einen Diätwahn zu nutzen, koche ich diesmal einfach. Liebe geht ja anscheinend durch den Magen und so macht es auch mir tatsächlich Spaß, etwas Leckeres zu essen zuzubereiten. Ich habe sogar selbst ein halbes Jahr lang auf Fleisch verzichtet, um nach der Abstinenz wirklich schmecken zu können, ob und wie mir Fleisch mundet. Dadurch lernte ich wieder neue Gerichte und Zutaten kennen, die ich wahrscheinlich sonst nie ausprobiert hätte. Das Entdecken und Kosten unterschiedlichster Lebensmittel macht mir mittlerweile viel Spaß und hilft mir, Essen nicht mehr als einen kalorienreichen Feind wahrzunehmen.

Aufs Bauchgefühl achten

Generell bin ich erleichtert, dass mir meine Nahrung nicht mehr solch einen Kummer bereitet. Meine Ernährung ist sicherlich immer noch nicht die vorbildlichste, doch ich habe auch keinen Grund mehr, mir deswegen Sorgen zu machen, und das, obwohl es auch ganz anders hätte ausgehen können. Für mich ist wichtig, meinen Hunger nicht mehr zu verleugnen, sondern stets neugierig auf leckeres Essen und ein leckeres Leben zu bleiben. Zudem ist mir der Genuss genauso wichtig wie der Verzicht. Denn ich glaube, dass es auf lange Sicht genauso wenig Freude bereitet, sich ständig nächtliche Chipsknabbereien zu gönnen, wie im Sommer stets auf ein abkühlendes Eis zu verzichten. Wie so oft kommt es da auf die Dosis an. Verlockende Pauschal-Diäten und »Ernährungspläne«, an denen man sich angeblich orientieren kann, sind für mich ebenso sinnlos wie übermäßiger Genuss und absoluter Verzicht. Sie dienen allein dazu, unsere Pharma-Industrie milliardenschwer zu machen und sich an Menschen zu bereichern, die ein gesundes Gefühl zu ihrem Bauch und dem, was ihr Körper an Nahrung braucht, verloren haben. Ich glaube, dass es wichtig ist, auf seinen Bauch zu hören, vor allem während man gerade etwas Leckeres verputzt. Diese Einsicht hat mir jedenfalls geholfen, mein Sättigungsgefühl zurückzuerobern und zu erkennen, wann ich mal wieder eher aus Gewohnheit oder Ablenkung den Kühlschrank plündere. Bei mir entscheidet oft die Tagesstimmung, ob ich mich mit Nascherreien belohne oder tröste. (Dass ich deshalb zu einer verfressenen Sonderspezies gehöre, bezweifle ich stark.) Und auch meine bessere Hälfte meint es wirklich nur gut mit mir, wenn sie mich mal wieder mit einem leckeren Tiramisu überrascht, um mich aufzuheitern. Versteh mich bitte nicht falsch, an Tiramisu gibt es absolut nichts auszusetzen, aber wenn du diesen göttlichen Nachtisch nur herunterschlingst, um deinen Frust zu kompensieren, hast du langfristig mal wieder nur eines davon: Bauchschmerzen (!) – und dich mal wieder von deinen Emotionen davongefuttert.

Mehr Selbstwert statt (Ab-)Wertungen

Worüber bestimmst du eigentlich deinen Selbstwert? Viele Menschen machen ihn an äußeren Erfolgen und der Anerkennung anderer fest oder nutzen Vergleiche und Abwertungen, um sich selbst in ein besseres Licht zu rücken. Nur nährt das nicht den Selbstwert.

»Schwanzvergleich« und Sexismus

Vor Kurzem wurde ich in der U-Bahn ungewollt Zeugin eines »Schwanzvergleiches« dreier Jungs. Es ging um die gestrige Party und um die »Techtelmechtel-Highlights« des Abends. Natürlich waren sie viel zu cool, um sich die Namen ihrer Eroberungen zu merken. Stattdessen nutzten sie Beschreibungen wie »die Hässliche mit der großen Nase« oder »die Schlampe, die es mit jedem treibt«. Das ist natürlich nicht nur extrem abwertend, sondern trägt auch dazu bei, dass viele junge Mädchen ein falsches Körperbild von sich selbst bekommen. Doch wundern wir uns tatsächlich über ein solches Verhalten? Das aktuelle Frauenbild ist eben nicht nur durch die eigene Erziehung geprägt, sondern auch durch Medien, die Mode, TV-Serien, Religion und Politik. Hier ist spürbarer Sexismus für jedermann erhältlich. Und solange wir bekannte Gangsta-Rapper für ihre diskriminierenden Texte (Kunst?) feiern und es als selbstverständlich betrachten, dass männliche Musiker nicht nur mit teuren Autos protzen, sondern sich eben auch gleich mit mehreren halbnackten Frauen schmücken, dürfen wir uns nicht wundern, wenn kleine Jungs ihren Idolen nacheifern.

Das tatsächlich Erschütternde daran ist, dass in unserer männerdominierten Welt, viele Frauen alltägliche Herabwürdigungen hinnehmen und sich lieber fügen, als gar nicht irgendwie mitmischen zu dürfen. Es ist für die meisten von ihnen angenehmer, so zu tun, als hätten sie sich bewusst dafür entschieden, so behandelt zu werden, als sich einzugestehen, wie sprach- und machtlos sie angesichts des Sexismus sind, der ihnen tagtäglich begegnet. Ich weiß aus eigener Erfahrung, wie ohnmächtig man sich manchmal fühlen kann. Ich kann dir nur Mut machen, dich zu wehren und für dich einzustehen.

Falls du glaubst, dass du zu klein bist,
um etwas zu bewirken, dann versuche mal
zu schlafen, wenn eine Mücke im Raum ist.[1]

Dalai Lama

Wenn also das nächste Mal ein Kollege in der Pause einen frauen-
feindlichen Witz macht, unterbrich ihn einfach. Wenn dich jemand
auf der Straße so richtig billig anmacht, lass es nicht einfach geschehen, sondern gib Kontra. Und wann immer du auch das Gefühl haben
solltest, nicht gerecht behandelt zu werden, trau dich, es zu sagen,
oder besorge dir die Hilfe, die du dazu benötigst. Oder wie in meinem
Fall: Sei mutig genug, sorge für dich und steh deine Frau. Geh rüber zu
den Jungs und sag ihnen, dass es dich verletzt, hören zu müssen, wie
sie über das andere Geschlecht reden. Dass ihre abwertende Kommunikation mehr über sie verrät als über die Personen, über die sie tatsächlich reden.

Mädchentoilette – Stress aus den eigenen Reihen

Die Vergleiche und Bewertungen jedoch, die aus den eigenen Reihen
kommen, sind meist noch viel schlimmer! Die Frau ist da, so scheint
es, selbst ihr ärgster Feind. Der Wettkampf um Geltung und Zugehörigkeit zu den Angesagten fängt bereits in der Mädchentoilette in der
Schule an und ist vielen von uns heute immer noch präsent, wenn wir
versäumt haben, die übelriechenden Lästerattacken anderer Frauen
einfach im Klo herunterzuspülen. Wie sehr »Mobbing« in jungen Jahren der Psyche dauerhaft schadet, das ist ein Thema, das heute in Zeiten von Instagram und Co. mehr denn je *up to date* ist. Zwar würde
ich meine Schulzeit nicht so dramatisch darstellen, doch auch ich
kann mich noch gut daran erinnern, dass ich mehr Angst davor hatte,
von den coolen Girls der Schule als zu dick oder als Schlampe betitelt
zu werden, als etwa die Klasse wiederholen zu müssen. Der aktuellste

Tratsch innerhalb der Jahrgangsstufe war angesagter als jede »Bravo«, das eigene Outfit kam einfach noch besser zur Geltung, wenn das von Nadine aus der Parallelklasse als »richtig daneben« abgestempelt wurde, und der erste BH war erst etwas Besonderes, nachdem man die anderen darauf aufmerksam gemacht hatte, dass sie noch keinen benötigten. Wir waren alle so fies zueinander.

Doch woran lag das? Wir wollten eigentlich nur verhindern, dass unsere billige Fassade abbröckelte und herauskam, dass wir alle in Wirklichkeit kaum Selbstvertrauen besaßen. Alles war mehr Schein als Sein! Klar, die Pubertät ist schwierig und bestimmt sind Vergleiche aus soziologischer Sicht unheimlich wichtig, sonst könnten wir ja keinerlei Situation einschätzen, uns nicht entsprechend anpassen und uns im schlimmsten Fall sogar in Lebensgefahr bringen. Nur in diesem Fall tragen die Vergleiche nicht gerade dazu bei, mehr Selbstwertgefühl zu entwickeln, weder bei einem selbst noch bei anderen. Leider fühlt es sich für mich so an, als hätten so einige Frauen den »Schulhof« nie verlassen. Zum Beispiel hadern die Frauen in meiner Familie und meinem Bekanntenkreis fast alle mit ihrem Körper und betrachten ihn als lebenslange Baustelle, an der ständig etwas verändert werden kann und muss. (Dabei sollten wir ihm vielmehr mit Liebe und Respekt begegnen, er ist schließlich das »Haus«, in dem zeitlebens unsere Seele wohnt.) Gerade kann ich mich auch an keine prominenten Vorbilder aus Film und Fernsehen erinnern, die uns gezeigt hätten, wie man eine selbstbewusste, starke Frau unabhängig von einem bestimmten Erscheinungsbild wird. Niemanden hat das aber auch je gestört, weil wir alle viel zu sehr mit unserem eigenen Aussehen beschäftigt waren. Es wurde mir also ein ziemlich verkorkstes Bild vorgelebt, wie frau zu sein hat, und auf diesem wackligen Fundament baute ich die längste und wichtigste Beziehung in meinem Leben auf: die zu mir selbst. Mich stets mit Menschen in meinem Lebensumfeld zu vergleichen, mich und andere zu bewerten, das wurde mir also praktisch anerzogen. Kein Wunder, dass die Auswirkungen »nachhaltig« sind.

Abzuwerten ist die Angst, selbst zu versagen

Der Zickenkrieg aus der Schulzeit wirkt beängstigend nah, denn *bitches fighting* – wie sollte es auch anders sein – begegnet einem als Erwachsene heute immer noch. Vor zwei Jahren bewarb ich mich bei der TV-Serie *Curvy Supermodel*, um das nachzuholen, was mir bei *Shopping Queen* eindeutig nicht gelungen war. Achtung: Spoiler Alarm! Das Modeln sollte vorerst auch nicht meine Bestimmung werden. Doch während des Castings wurde ich Zeugin eines kleinen »Cat-fights«. Insgesamt kamen fünfhundert Frauen aus ganz Deutschland zum Casting, alle mit demselben Traum: das nächste *Curvy Super-model* zu werden. Davon nahm die prominent besetze Jury jedoch nur hundert Mädchen in die nächste Runde mit. Dementsprechend war auch die Stimmung unter den Teilnehmerinnen. Um eine Runde wei-terzukommen, mussten wir mehrere Runden hintereinander vor der Jury hin- und zurücklaufen – mit Zahlen auf der Brust (!). Ich fühlte mich wie ein Stück Sushi, das auf dem Laufband darauf wartet, aus-gewählt und vernascht zu werden.

Vor mir ging ein junges Mädchen, das sich nach der ersten Runde, bis auf die Unterwäsche auszog, um dadurch seine Chancen zu erhöhen. Als dies auch die anderen Kandidatinnen mitbekamen, ging das große Tuscheln los. Einige eiferten ihr sogar nach. Das halbnackte Mädchen kam in die nächste Runde. Nachdem das Casting beendet war, blieben vierhundert frustrierte Frauen zurück – keine schöne Energie ... Wäh-rend alle ihre Sachen zusammensuchten und sich auf den langen Weg nach Hause machten, konnte ich die ein oder andere fiese Lästerattac-ke belauschen. Wie etwa die fünf Frauen, die fest davon überzeugt waren, dass die Halbnackte nur weitergekommen sei, weil sie sich ausgezogen hatte, und nicht, weil sie es verdiene. Jede TV-Serie brau-che eben solch ein »Naivchen«, das die Zuschauer unterhalte. Zwar hätten sie es nicht in die nächste Runde geschafft, aber sie würden auch nicht ihre Würde verkaufen.

Kennst du diese Art der Argumentation nicht auch irgendwie von dir selbst? Es erinnert an die Schulhofgeschichte: Der eigene Misserfolg wird durch das Schlechtreden anderer erträglicher gemacht und ist auf diese Weise nur halb so frustrierend. So fühlt man sich zumindest »moralisch« als etwas Besseres, auch wenn man beim eigentlichen Wettkampf verloren hat. Dabei kann man das Verhalten des halbnackten Mädchens ja auch ganz anders betrachten, und zwar als verdammt mutig. Ich hätte das nicht gekonnt, mich vor laufenden Kameras und einem Millionenpublikum auszuziehen. Doch leider meinen viele Menschen und vor allem Frauen, dass sich ihre Stellung durch das Abwerten anderer Personen erhöht.

Wenn du dir deiner Stärken, deiner Einzigartigkeit und deiner Schönheit bewusst bist, kann es dir egal sein, ob andere im Rampenlicht stehen. Was gibt es Größeres, als dir selbst Anerkennung zu schenken?

Auch in mir hausten früher solche von Angst motivierten, destruktiven Gedanken. Mein Ego ließ es kaum zu, mich aufrichtig für eine Frau zu freuen, ohne dabei Neid zu verspüren oder ein Gefühl von Konkurrenz aufkommen zu lassen. Vor allem in neuen oder ungewohnten Umgebungen, wie zum Beispiel bei einer Tanzfortbildung, in der ich erleichtert feststellen konnte, dass mein Arsch nicht der größte war. Die Erleichterung wandelte sich sogar manchmal in Freude, wenn ich am Ende zu anderen und zu mir selbst Sätze sagen konnte wie: »Also ich möchte ja nicht schlecht über die eine in Grün reden, ich bin ja auch nicht die Dünnste, aber zumindest habe ich das Workout durchgehalten.« Solch ein Verhalten spricht nur für eins: für die eigene Angst – die Angst vor den eigenen Schwächen und die Angst, zu »versagen«. Doch sind Frauen wirklich solche Zicken wie die, welche in Filmen und Soaps oft so klischeehaft dargestellt werden?

Was sagt Silke dazu?

Was Sandra auf der Mädchentoilette erlebt hat, ereignet sich leider immer wieder und setzt sich fort auf der Uni-Toilette, der Bürotoilette oder im Club auf der Damentoilette.

Energetisch gesehen hat Lästern eine niedrige Schwingung. Wir alle sind miteinander verbunden und wer andere erniedrigt – das erfolgt zwangsläufig dabei –, erniedrigt sich im Grunde auch selbst. Beobachte dich und du wirst bemerken, dass du die Menschen am meisten schätzt, die voller Begeisterung und Achtung über andere und deren Erfolge sprechen. Der kurze Kick, den man beim Ablästern empfindet, hinterlässt oft einen schalen Nachgeschmack. Denn meist dreht das Geschwätz Kreise und erwischt einen selbst irgendwann, wenn es total unpassend ist. Auch wenn das Lästern etwa in amerikanischen Serien als lustig und nachahmenswert dargestellt wird, so orientiert es sich doch an einer Scheinwelt und nicht an dem, was dein Inneres möchte. Ob du es willst oder nicht, wir sind 24 Stunden am Tag im Austausch mit unserer Umwelt. Und am Ende ist es so, dass du das in dein Leben ziehst, was du aussendest. Deine Freundinnen und Freunde zu loben, das Gute in ihnen zu sehen, bringt auch andere dazu, dies in dir zu sehen. Was du säst, erntest du. Was möchtest du am Ende herausbekommen? Die niedrigeren Frequenzen des Lästerns, des Neides, der Eifersucht oder Schwingungen der Freude, der Achtung und der Toleranz?

Tipp: Die Beteiligung an einer Lästerrunde ist verlockend, aber du begibst dich auf eine Ebene, die dir nicht guttut. Entzieh dich lieber und schau, was du an deinem Gegenüber toll findest. Mach Komplimente – ich meine echte –, lächle Menschen an, sieh ihnen in die Augen und sag ihnen etwas Positives. Du wirst sehen, wie viel zu dir zurückkommt. Probiere es doch heute einmal aus und mache mindestens zwei Menschen Komplimente oder lobe sie für etwas, was sie gut gemacht haben, und beobachte, was passiert.

Statt Dos and Don'ts: Nimm Urlaub vom Bewerten

Vor drei Jahren hatte ich eine kleine Tanzschule und musste mir natürlich ständig nach Feierabend die kleinen Videos und Bilder meiner Konkurrenz anschauen, um immer auf dem aktuellsten Stand zu sein. Dabei bekam ich durch das ständige Vergleichen und Bewerten nicht nur schlechte Laune, sondern hatte fast wöchentlich einen kleinen Nervenzusammenbruch. Denn der Konkurrenzdruck war enorm und es gab immer jemanden, der besser war. Und statt in der Situation mitfühlend mir selbst gegenüber zu sein und mich nicht stressen zu lassen, verurteilte ich mich wie so oft dafür, dass in mir Gedanken aufkamen, wie dass ich noch mehr ackern sollte, dass es wie in anderen Lebensbereichen auch hier noch lange nicht ausreicht, um zu genügen. Ich steckte fest und musste etwas unternehmen, um aus diesem Sackgassendenken herauszukommen. Ich fand gute Bücher, die mir alle dasselbe empfahlen: meinen Gedanken zu lauschen, ohne sie zu bewerten. Es ist jedoch nicht so leicht, sich selbst beim Denken nur zuzuhören, ohne zu bewerten. Ich war erschrocken darüber, wie oft es mir in meinen Gedanken lediglich ums Bewerten und Verurteilen ging. Wie schon erwähnt, ist es natürlich wichtig, sich selbst, seine Stärken und Schwächen einzuschätzen, um je nach Lebenslage sein Verhalten und seine Strategien zum eigenen Wohl anzupassen. Aber das, was da an Bewerten und In-Schubladen-Packen in meinem Kopf abging, war eindeutig eine ungesunde Überdosis. Kein Wunder, dass ich dauerhaft gestresst war: Seit Jahren stellte ich innerlich Dos-and-Don'ts-Listen für mich auf, wie es in den unterschiedlichsten Frauenmagazinen üblich ist. In meinem Kopf saß ein kleiner Kommentator, der wie beim Fußball das Spiel kommentierte – nur dass mein Spiel 18 Stunden täglich lief. Umgerechnet sind das an die 126 Stunden in der Woche und 6.552 Stunden im Jahr. Nachdem mir das bewusst geworden war, fiel es mir leichter, mir das Bewerten und Vergleichen abzutrainieren. Ich suchte Gelegenheiten, meinen Gedanken zuzuhören, ohne sie zu beurteilen, und fand sie. Es fühlt sich wie Urlaub fürs Denken an, zum Beispiel, wenn ich Bahn fahre und lieber aus dem Fenster blicke, statt innerlich alles und jeden zu bewerten, und meine Gedanken wie die Landschaft an mir vorbeiziehen lasse. Solche Gelegenheiten gibt es viele, die kannst auch du für dich entdecken.

Lieber authentisch als Fake

Wenn wir unser Äußeres oder Inneres nicht vor anderen kaschieren, zeigen, was und wie wir sind, bekennen wir Farbe, sind authentischer und fühlen uns mit uns selber wohler. Es ist so viel attraktiver, authentisch zu sein und dem Sein mehr Kraft zu geben als dem Schein. Das betrifft auch die Wahrnehmung und Beurteilung anderer. Es lohnt sich, genauer hinzuschauen, nicht gleich nach dem ersten Eindruck zu bewerten und zu ermöglichen, das Besondere dahinter zu entdecken.

Mehr Schein als Sein

Sich mit Berühmtheiten zu vergleichen, ist ein Rennen, das einfach nicht zu gewinnen ist. Gut auszusehen gehört unter anderem zu ihrem größten Kapital und deshalb investieren die meisten Promis, vor allem Schauspielerinnen und Schauspieler, eine fette Summe ihres vielen Geldes ausschließlich in ihr Äußeres. Dazu gehören oftmals ein Personal Trainer, Ernährungsberatung, qualifiziertes Personal, das für sie kocht, und etliche kosmetische Behandlungen. Also alles, was sich Normalverdienende gewöhnlich gar nicht leisten können. Und ohne unseren Stars und Sternchen etwas zu unterstellen, wird sicherlich auch noch gelegentlich etwas gespritzt oder abgeschnippelt, damit ihrem Traumkörper nichts im Wege steht – aber alles so natürlich, dass es bestenfalls nicht zu bemerken ist. Und dennoch: Obwohl sie diesen tierischen Aufwand betreiben, müssen sie zuvor noch vor jedem Interview, Fotoshooting oder Dreh mehrere Stunden von einer Profi-Visagistin geschminkt und gestylt werden. Ob das den Aufwand wert ist, wenn sowieso nur alles »Maske« ist, sei einmal dahingestellt. Vielleicht kannst du dir das bewusst machen, wenn du dich wieder mit deinen Idolen vergleichst, an die du »nie herankommen« kannst. Freue dich dann lieber an deiner Natürlichkeit, so sein zu dürfen, wie du bist, und daran, dass Menschen, die dich gern haben, dich genau so mögen. Oft nimmt dich deine Umgebung sowieso ganz anders wahr, als du es tust, und nur du selbst bist dein strengster Richter.

Hanna – du bist gut, wie du bist, auch für andere

Vor einiger Zeit lernte ich durch ein Projekt an einer Grundschule die Schulsozialarbeiterin Hanna kennen. Ich mochte an ihr auf Anhieb, dass sie so ein großes Herz für Kinder hatte, und die offene Art, wie sie ihnen begegnete. Doch vor allem bewunderte ich ihren Style. Sie wirkte immer total lässig und zugleich modisch. Die Art von Frau, die morgens ohne jegliche Mühe irgendetwas aus dem Kleiderschrank herauszieht und damit verdammt gut aussieht. Etwas, das ich noch nie konnte – ich bin eher der Typ, der eine lila gestreifte Strumpfhose zu einem pinken Rock mit einer roten Lederjacke kombiniert und zum krönenden Abschluss noch große auffällige Ohrringe dazu trägt: Ich habe eben keine Angst, mich zu zeigen, und zusätzlich ein großes Faible für Farben und Kleidung, die direkt ins Auge springen.

Ich sehe das genauso wie die Moderatorin Palina Rojinski (die im Übrigen unsere TV-Welt durch ihre mutigen und außergewöhnlich bunten Looks bereichert). Sie hat in einem Magazin-Interview vor ein paar Jahren einmal gesagt, Frauen sollten keine Angst davor haben, über ihr Ziel, stylisch auszusehen, hinauszuschießen. Sie lache auch oft über Sachen, die sie gestern getragen habe. Das gehöre eben dazu, wenn man mit Kleidung und Outfits herumexperimentieren wolle.

Meiner Meinung nach neige ich dazu, immer etwas zu gewollt gestylt auszusehen. Deshalb hätte ich mir so gerne eine Scheibe von Hannas natürlichem Look abgeschnitten. Doch das änderte sich, als Charlotte, eine weitere liebe Arbeitskollegin, zu mir kam und mich für meinen besonders schrillen Look bewunderte. Sie bemühe sich zwar immer sehr, auch etwas auffälligere Outfits herauszusuchen, doch fehlten ihr der Mut und die Ideen, solche Farben miteinander zu kombinieren, wie ich es täte. Da machte es in meinem durch Hin-und-her-Bewerterei verunsicherten Hirn klick und ich verstand, dass wir alle nicht nur

Wir
haben
nicht nur eine
Hanna
–
wir
sind
eine
Hanna!

eine »Hanna« haben, sondern eben manchmal auch selbst eine für jemanden darstellen.

Doch obwohl ich versuchte, fortan auf Dos-and-Don'ts-Listen zu verzichten und mich nicht mehr durch das Abwerten anderer besser zu positionieren, und begriffen hatte, dass es absolut keinen Sinn macht, meinen schrillen Kleidungsstil aufzugeben, um letztlich einen zu kopieren, den es bereits gibt, ertappte ich mich manchmal noch dabei, wie ich gerne über andere oder über mich selbst herziehen wollte. Aber letztendlich, nach langen Übungsphasen, finden diese Gedanken kaum mehr Andockstellen in meinem Kopf und somit rutscht mir auch viel weniger über die Lippen, was ich nachher bereuen könnte. Und das ist für ein Plappermaul, wie ich es bin, schon eine kleine Revolution! Damit dies gelingen konnte, habe ich mir zusätzlich ein paar Gegenmaßnahmen ausgedacht, die ich in meinem Alltag anwende, um nicht mehr unter wöchentlichen Vergleichstragödien leiden zu müssen. Vielleicht ist hier ja auch für dich etwas dabei.

Maßnahme 1: Schau auf deine Schuhe! Das Leben selbst hat mich schon so oft belehrt und erinnert mich immer wieder daran, mich nicht auf meinen Vorurteilen und Bewertungen auszuruhen, sondern wie durch Kinderaugen jedes Mal Menschen und Situationen neu zu entdecken. Vor allem die Geschichten dreier unglaublicher Menschen erinnern mich daran. Bevor ich die Vergangenheit dieser Menschen kannte, habe ich mir ein Urteil erlaubt, das nur aus einer Perspektive gefällt war: meiner. Durch diese Sichtweise wirkte meine Lieblingsnachbarin immer etwas unterkühlt und distanziert, bis sie mir anvertraute, dass sie einen sexuellen Missbrauch hinter sich hatte. Ähnlich war es bei einer alten Schulkameradin, die ich als schwächer und labil einstufte, bis sie mir erzählte, dass ihr Vater bei einem Autounfall ums Leben gekommen sei. Und zuletzt sei noch das Beispiel von dem höflichen kleinen Jungen aus einem meiner Tanzprojekte genannt, der durch seine undeutliche Aussprache etwas zurückgeblieben und ungebildet wirkte, bis ich seine taubstummen Eltern kennenlernen durfte und mich für meine Gedanken schämte. Alle drei sind aufrichtig betrachtet Superhelden ihres Alltages und versuchen, sich von ihren Schicksalsschlägen nicht unterkriegen zu lassen.

Ich bin unheimlich froh, dass diese Menschen mir ihr Geheimnis anvertrauten und meine Vorurteile widerlegen konnten. Darüber hinaus haben sie mich gelehrt, viel vorsichtiger mit meinen ersten Eindrücken umzugehen und mir nicht gleich anzumaßen, über andere ein Urteil zu fällen oder gar zu richten. Bei den *Native Americans* (aus Gründen der *political correctness* wird auch im Folgenden nicht von »Indianern« gesprochen) gibt es ein sehr schönes Sprichwort, das zu diesem Thema passt: »Großer Geist, bewahre mich davor, über einen Menschen zu urteilen, ehe ich nicht eine Meile in seinen Mokassins gegangen bin.«[2] Und wenn ich bemerke, dass ich wieder einmal in mein altes Muster verfalle und vorschnell urteilen will, schaue ich einfach auf meine Schuhe und erinnere mich an die Weisheit des Spruches und an die drei Superhelden, die ich kennenlernen durfte.

In unserer Welt gibt es viele kleine Helden,
denen wir ab und an gewiss anders begegneten,
wenn wir ihre ganze Geschichte kennen, betrachten
und wertschätzen würden. Geben wir ihnen
die Chance, von sich zu erzählen, sich zu zeigen –
damit wir sehen können, wer sie wirklich sind.

Maßnahme 2: Saunieren In die Sauna zu gehen gibt mir unheimlich viel Kraft und Energie. Das ist selbstredend eine schweißtreibende Entspannung für Haut, Körper und Seele. Doch für mich ist es immer ein ganz besonderes Highlight so viele echte, nackte Frauenkörper zu sehen. Wann bekommt man denn sonst die Gelegenheiten dazu? Gerade deshalb sauge ich alles mit meinen Augen auf, was die Sauna so zu bieten hat: seien es lange Beine, hängende Brüste oder große Nasen. Ich könnte Stunden damit verbringen, nur die unterschiedlichen Körperformen anzuschauen und festzustellen, dass, »nackt« betrachtet, doch alle Menschen den gleichen Naturgesetzen unterliegen und keiner der Schwerkraft und dem herunterrinnenden Schweiß entkommt. Besonders sichtbar wird dies am Damen-Sauna-Tag, wo meist

eher ältere Frauen genüsslich schwitzen und anschließend zusammen ein kleines hüllenloses Teekränzchen abhalten. Das mit der Ruhe kann man an solchen Tagen vergessen, aber das Bild, das dieses Szenario bietet, ist einfach zu köstlich. So wie die älteren Damen da gemeinsam schnacken, bekommt man das Gefühl, dass es ihnen herzlich egal ist, ob ihr Busen fast schon am Boden schleift oder der Oberarm auch dann noch winkt, wenn man schon längst aufgehört hat, zu grüßen. Es sind Frauenkörper, die auf ihre Weise einfach natürlich wirken, einiges erlebt haben, von Lebenserfahrung und Geschichten erzählen. Jede Falte und Narbe hat da ihre ganz eigene Story.

Ist das was für dich, mal in die Sauna zu gehen und wahrzunehmen, wie menschliche Körper so ohne allen äußeren Schnickschnack, ohne Aufhübschmittel und coole Klamotte aussehen? Und wie unterschiedlich? Lass dich überraschen, was du alles wahrnimmst und wie du dich danach fühlst.

Maßnahme 3: Komplimente machen Anstatt sich gegenseitig immer wieder zu vergleichen und andere zu beurteilen, wäre es viel sinnvoller, die vorhandene Vielfalt unter den Menschen und sich selbst in seiner Einzigartigkeit zu feiern. Das funktioniert hervorragend mit Komplimenten. Für mich haben Worte eine unheimliche Macht – besonders wohltuende. Perfekt dossiert können sie einem schon mal den Tag retten. Welche zu verteilen und zu bekommen, macht richtig gute Laune. Es fällt jedoch nicht allen Menschen leicht, ein Kompliment anzunehmen, erst recht nicht, wenn die Schmeichelei dem eigenen Aussehen gewidmet wurde, statt der schicken Handtasche.

Da gäbe es einmal, die »Überforderten«, die nicht glauben können, dass sie wirklich gemeint waren, und sich somit erst einmal umdrehen, um sich zu vergewissern, dass auch tatsächlich keine Verwechslung besteht. Und dann wären da noch die »Zurückhauer«, die oft – ohne es wirklich ernst zu meinen – ein Pseudokompliment zurückschenken, nur aus purem Pflichtbewusstsein. Falls du dich nun angesprochen fühlst, versuche doch beim nächsten Mal, anders zu reagieren, nimm wahr, wie es sich anfühlt, ein Kompliment anzunehmen, ohne einem Drang nachzukommen, dich gleich zu revanchieren! Ja, genau du bist gemeint, sag einfach nur danke und genieße.

Diese Beobachtungen rund ums Komplimente-Machen und -Erhalten forderte die Bauchfrauen-Illustratorin Kim Hoss und mich heraus, viele Läden in Stuttgart mit »Du bist schön«-to-go-Komplimenten auszustatten. Wir haben jeweils mehrere auf je einem DIN-A4-Blatt abgedruckt und so eingeschnitten, dass sich leicht bei Bedarf ein paar wohltuende Worte abreißen lassen. Hinterlegt haben wir sie an Orten, an denen die eine oder andere ein klein wenig mehr Selbstbewusstsein gebrauchen kann. Ein solcher Ort ist zum Beispiel eine dieser schrecklich grell beleuchteten Umkleidekabinen. Zudem haben wir unsere »Komplimente-Vorlage« auf unsere Homepage hochgeladen und dazu aufgefordert, damit den eigenen Arbeitsplatz und Lieblingsplätze zu dekorieren. In kürzester Zeit erhielten wir von vielen Menschen ein unheimlich gutes Feedback. Zahlreiche E-Mails und Fotos dokumentierten, wie Arbeitsplatz und Lebensumfeld mit den kraftvollen Worten verschönert wurden. Unsere Worte sind sicherlich nicht für jeden passend – doch solch eine »Komplimente-to-go-Vorlage« ist super schnell selbstgemacht.

♡ **Deine eigene Komplimente-to-go-Vorlage**

Sammle für dich Komplimente, von denen du weißt, dass sie dir und anderen Menschen guttun, und schreibe sie so im Querformat auf je ein Sechstel des Blattes, dass du daraus sechs kleine Hand- oder Hosenzettel erhältst. Die Vorlage kannst du dann immer wieder kopieren (natürlich kannst du auch am PC eine erstellen und ausdrucken). Lege deine To-go-Komplimente an deinem Lieblingsplatz bereit, da, wo du zur Ruhe kommst und Energie tanken kannst. Wenn du möchtest, kannst du dort auch einen Stift und Klebezettel hinterlassen, damit du bei Bedarf, wenn du ein anderes Kompliment benötigst, es einfach direkt aufschreiben kannst. Auf geht's! Such deinen Lieblingsplatz auf und schmücke ihn mit selbststärkenden Komplimenten! Denn das Lächeln, das du einem anderen Menschen ins Gesicht zauberst, kommt auf anderem Weg wieder zu dir zurück.

5 Vielfalt macht ein buntes Leben aus

Ich möchte euch von einem wunderbaren Samstag erzählen, der damit beginnt, dass ich den halben Tag verschlafe, und das ganz ohne schlechtes Gewissen. Anschließend gehe ich gemeinsam mit ein paar guten Freunden im »L. A. Signorina« meinen abartigen Hunger mit der besten Pizza Stuttgarts stillen. Auf den Verdauungsspaziergang verzichten wir prinzipiell und tanken stattdessen etwas Sonne am Marienplatz. Zum krönenden Abschluss machen wir noch einen kleinen Abstecher zur Eisdiele »Pinguin«. Und während wir Nachtisch Numero zwei am Eugensplatz verputzen, verabschiedet sich allmählich die Sonne über Stuttgart. »0711« – unsere erste große Liebe. Stuttgart, du zeigst dich heute wieder von deiner allerschönsten Seite. Und während ich es mir so richtig schmecken lasse, schweift mein Blick in die Runde. Rechts von uns hockt ein lesbisches Pärchen und genießt den romantischen Sonnenuntergang. Vor uns machen ein paar Teenie-Girls Selfies und Stories für ihren Instagram-Account. Sie erinnern mich ein kleines bisschen an die Spicegirls, nur dass sie noch ein Mädel mit Kopftuch in ihrer Gang haben. Und plötzlich wird es etwas lauter, als sich ein Haufen Kinder mit Luftballons in die Eisdielen-Schlange anstellt. Auf den zweiten Blick erkenne ich, dass es sich um Kids mit einer Behinderung handelt. Sie werden von einer Frau und einem Mann begleitet. Er ist an beiden Beinen völlig tätowiert und sie trägt ein bauchfreies Top, obwohl sie keinen durchtrainierten Bauch hat. Ich sehe keine bösen Blicke und bemerke auch kein tuschelndes Geläster. Eis macht eben alle glücklich. Was für ein bunter Tag, was für eine wunderschöne Vielfalt. Dass so viel Verschiedenheit friedvoll zusammenlebt und ich ein Teil davon sein kann, berührt mich sehr. Vor allem berührt es mich, weil ich schon so lange auf diesen Tag warte und ihn noch nie so erleben durfte.

Leider ist dieses Szenario der Liebe und Akzeptanz untereinander bislang nur eine Wunschvorstellung. Ich kenne es nur so, dass die Menschen in dieser Situation ganz anders reagiert hätten: Irgendein älteres Rentnerpaar hätte sich über die Lautstärke der Kinder beschwert und mindestens eine Frau hätte über das bauchfreie Top der Begleitperson abgelästert. 2019 haben wir immer noch ein Thema damit, Anderssein zu akzeptieren und Toleranz zu zeigen (manche von uns, scheinen sogar nicht zu wissen, was das ist und wozu das gut ist). Statt Offenheit und Verbundenheit spüre ich in der Gesellschaft immer mehr Angst und Vorurteile. An dieser Stelle fallen mir wieder die Wände, in dem Kindergarten ein, den ich als Kind besucht habe. Sie waren mit farbenfrohen Plakaten geschmückt, an denen unsere Fotos klebten und auf die unsere Erzieher noch Sätze dazuschrieben wie: »Ich bin so, du bist anders, und das ist absolut nicht schlimm, sondern macht unsere Welt nur bunter.«

◡ ◡ Uns verbindet mehr, als uns trennt

Als Kinder wussten wir, egal ob Mädchen oder Jungen, dick oder dünn, klein oder groß, mutig oder schüchtern, weiß oder schwarz, mit Behinderung oder ohne, dass uns mehr verbindet, als uns trennt. Dass wir mehr Spaß am gemeinsamen Spielen hatten als am Streiten. Und falls wir es einmal vergessen hatten, wurden wir in sämtlichen Kinderbüchern und Liedern daran erinnert. So einige Jahre später sehe ich mich um und habe das Gefühl, dass dies fast alle Menschen um mich herum vergessen haben. Wie es dazu kommen konnte, darüber habe ich mir Gedanken gemacht, denn mir persönlich ist es mittlerweile lieber, »Farbe« zu zeigen, statt etwas an mir zu verstecken.

Zeig Farbe und komm in deine »Leuchtkraft«

Ich sehe das so: Jede/jeder von uns stellt eine wunderschöne einzigartige Farbe dar, die diese Welt bereichert und ein Stück bunter machen kann. In diesem Farbton spiegeln sich auch alle unsere Sehnsüchte und alle unsere Ängste wider, in der eigenen Farbe wie in der anderer. Die intensiven Gefühle, die damit verbunden sind, können für uns selbst, aber auch für die Umwelt ziemlich beängstigend sein. So kommt es vor, dass andere in uns dringen, dass wir anders sein sollen, als wie wir sind. Vielleicht, weil sie den Farbton aus irgendeinem Grund, der nur mit ihnen selbst zu tun hat, nicht mögen oder weil ihnen prinzipiell etwas Angst macht, was ihnen fremd ist, oder weil sie sich nur selbst mit ihrer Farbe wohlfühlen können, wenn sie ihre Farbe als die einzig richtige proklamieren.

Problem: Wenn andere uns ihre Vorstellung von »guter« (Einheits-) Farbe aufschwätzen wollen und uns das nötige Selbstbewusstsein fehlt, legen wir selbstschädigende Verhaltensweisen an den Tag: Wir verstecken oder kaschieren unseren Farbton und verstauen unsere Leuchtkraft in Boxen. Schön weit weg, außer Sicht- und Reichweite für uns selbst. Doch es ist langfristig unheimlich anstrengend, sich selbst zu verleugnen und alles, was einen zum Leuchten bringen könnte, in eine kleine Box zu quetschen. Zusätzlich kostet es eine Unmenge an Energie, unser eigentliches Strahlen ständig zu dimmen, nur um so sein zu können, wie uns andere anscheinend haben wollen. Wir verlieren dabei nicht nur unsere Natürlichkeit, unser Bauchgefühl, selbst gut für uns zu sorgen, sondern bekommen obendrein noch »Bauchschmerzen«, im eigentlichen wie im übertragenen Sinne. Das, was wir an Selbstwert fein säuberlich in kleine Kartons gepackt haben und was bei uns im Bauch auf die eine oder andere Weise einen Mangel erzeugt, müssen wir irgendwie kompensieren. So geben wir dafür jede Menge Geld aus und lenken uns mit Ersatzbefriedigungen ab: mit Essen, schöner Kleidung, Sex, Drogen, Urlauben usw. (Die Wirtschaft freut sich.) Dennoch scheint uns etwas Wichtiges zu fehlen, weil alles nicht gut genug ist und nicht auszureichen scheint.

Mach dich dafür nicht runter, es liegt nicht an dir, an einer minderen Qualität der Ersatzbefriedigungen oder an deiner angeblich fehlenden Disziplin. Es ist etwas Wesentliches, was du tief in deinem Inneren vermisst. Egal, wie sehr du dich auch bemühst, du kannst es nicht mit etwas anderem ausgleichen. Wenn du endlich deine Boxen herauskramst und herausholst, was du vor allen, aber insbesondere vor dir versteckt hast, hast du wieder Zugriff darauf. Es ist deine einzigartige

Farbe, die zum Leuchten gebracht werden will, mit der du in der Welt kreativ sein kannst. Was dir fehlt, ist nur verborgen und nicht weg. Niemand hat die Macht, dir das zu nehmen, nur du selbst.

Der einzige große Radiergummi in deinem Leben bist, wenn überhaupt, du selbst. Nicht die Welt begrenzt dich, sondern deine Gedanken. In Wirklichkeit haben wir keine Angst vor dem Scheitern, sondern vor der Intensität unserer eigenen Farbe und Leuchtkraft.

Selbstverständlich hat man mehr Sorge vor dem Übermalen einiger Grenzen als davor, ständig nur die Schattierung zu bleiben. Ich glaube daran, dass, wenn sich alle wieder mehr mit ihrer eigenen Farbe und Leuchtkraft beschäftigten, viel weniger Frust, Angst und Hass auf der Welt herrschen würden. Es hilft nichts: Wir müssen bei uns selbst beginnen und dürfen auch keine faulen Kompromisse mehr eingehen oder Abstriche machen an dem, was wir uns wünschen. Da schaden wir uns langfristig nur selbst. Mir ist wichtig, dass du begreifst, dass wirklich alle »anders« sind.

∪ ∪ Jeder Mensch ist ein Unikat

Allein deshalb schon ist es pure Zeitverschwendung, zu versuchen, irgendetwas Äußeres zu erreichen, was du selbst nicht bist. Du brillierst in deiner Farbe, deinem Sein nur, wenn du bei dir bleibst, dich nicht selbst verleugnest und dich nicht nur »optimierst«, um jemand anderem zu gefallen. Zögere also nicht weiter, deine Farbe zu leben. Trau dich, auch wenn dein Umfeld nicht nur positiv auf dein neues Selbstbewusstsein und dein anderes Verhalten reagieren wird. Vielleicht hilft es dir, dich in solchen Momenten zu fragen, ob es nicht viel schlimmer wäre, eines Tages vor dem Spiegel zu stehen und dich selbst nicht mehr wiederzuerkennen, nur, weil du dich ständig vor dir versteckst und dich der Vorstellung anderer angepasst hast.

Ich mag's pink!

Davon, wie man sich fühlt, wenn man für sein Farbe-Ausleben kritisiert wird, kann ich nicht nur ein Liedchen singen, sondern dir ein ganzes Album vorzwitschern. Seit ich ein kleines Mädchen bin, spielen Mode und Kleidung eine außergewöhnlich große Rolle in meinem Leben. Ich bin immer wieder davon fasziniert, wie gut man sich passend zu seiner Laune kleiden und sich mit den unterschiedlichsten Kleidungstücken und Accessoires in Szene setzen kann. Andere schrieben als Jugendliche Tagebücher, ich kreierte Looks für unterschiedliche Launen und Situationen. Zugegeben, rückblickend sah einiges ziemlich schräg aus, dennoch bin ich von meinem früheren Ich, der kleinen Sandra, ihrer Kreativität und ihrem Selbstbewusstsein völlig fasziniert.

Die kleine Sandra nahm irgendwelche alten Pyjamas, kritzelte etwas darauf, schnitt da etwas ab, klebte dort etwas dazu und präsentierte dieses Outfit, als wäre es das trendigste Teil überhaupt. Woher ich dieses Selbstvertrauen und diesen Mut nahm, weiß ich bis heute nicht, denn zu Hause, von meinen Freundinnen und Freunden oder den Leuten, die mir auf der Straße begegneten, erhielt ich dafür selten Applaus. Stattdessen musste ich mir ziemlich oft herbe, verletzende Kritik anhören.

Die Kommentare der anderen gaben mir stets das Gefühl, irgendwie komisch und anders zu sein – genau das also, was ein junges Mädchen in der Pubertät braucht! Nicht nur, dass mein ausgeflipptes Erscheinungsbild jedes Arschloch dazu ermutigte (jep, auch dich, Tante Fridi), mir ungefragt seine Meinung mitzuteilen, sondern ich musste mir auch noch anhören, dass ich mit meiner auffällig »anderen« Kleidung doch nur bezweckte, aus dem Rahmen zu fallen. Irgendwie traurig – ich dachte immer, Erwachsene müssten es doch eigentlich besser wissen. Doch in meiner Kindheit und Jugend waren sie es, die mich oft bremsten und zwangen, mit dem Strom zu schwimmen. Förderung von Individualität und Originalität von Heranwachsenden sieht für mich anders aus.

Dass mir meine extrovertierte Art oft als etwas Schlechtes ausgelegt wurde, tat unheimlich weh. Und eine kurze Zeit meines Lebens versuchte ich auch tatsächlich, mich anzupassen. Aber das fühlte sich einfach noch viel merkwürdiger an. Ich fand schnell heraus, dass ich der Welt und mir keinen Gefallen damit täte, ein mittelmäßiges Grau zu sein, obwohl ich eigentlich ein starkes und freches Pink bin.

> *Sei eine erstklassige Ausgabe deiner selbst,*
> *keine zweitklassige von jemand anderem.*[3]
>
> *Judy Garland*

Und zum Schluss habe ich noch eine schlechte Neuigkeit für dich: Egal, was du tust, an dir änderst, es wird immer Leute geben, die über dich reden. Als sich alle an meinen Kleidungsstil gewöhnt hatten und etwas »Neues« hermusste, über das frau sich wieder das Maul zerreißen konnte, wurde über meine körperlichen Rundungen und meinen schönen großen Hintern hergezogen. »Was? Die ist Tanzlehrerin? Mit diesen dicken Oberschenkeln? Bebt da nicht der ganze Boden, wenn sie tanzt?« Und wie er bebt! Vor Energie, Freude und Lebenskraft. Das Lästern der anderen sollte dich nicht daran hindern, dein Ding zu machen. Vor allem, weil durch das meiste Geschwätz der Leute nur ihre eigenen Grenzen und Unsicherheiten sichtbar werden. Hör auf, dich zu rechtfertigen, für das, was du bist und lebst, und so deine Zeit zu verschwenden. Solche Menschen kannst du meist eh nur davon überzeugen, dass das gut ist, indem du es ihnen vorlebst (und selbst das musst du ja nicht unbedingt, denn es reicht ja, wenn du selbst damit glücklich bist). Deswegen: Hau rein!

»Mal dir deine Welt so, wie sie dir gefällt«

Farbe zeigen und in die Leuchtkraft kommen, heißt, zu sich selbst zu stehen, sich selbst zu lieben, wie man ist, und zwar in allen Bereichen des Lebens, mit allem Drum und Dran. Es betrifft den Körper, die Ernährungsgewohnheiten, den Sport, den du liebst, den Geist, deine Überzeugungen, deine Werte, deine Ziele, deine Seele, deine Gefühle, deinen Glauben, deine Spiritualität, deine Visionen, deine Fantasie und was dir sonst noch so einfällt. Male dir die farbenprächtigste Vision in allen Einzelheiten aus, in Gedanken, in Schriftform oder mit Farbe und Pinsel. Nimm dir dafür diese Woche doch mal eine halbe Stunde Zeit. Deiner Fantasie sind keine Grenzen gesetzt.

Seinen Werten treu bleiben – Veränderung wagen

Es ist noch nicht so lange her, da war ich mit einer guten Freundin im Kino. An sich absolut nichts Außergewöhnliches, außer dass wir während des Filmes völlig überrascht waren, so viele dicke Menschen auf der Leinwand zu sehen. Nicht weil wir irgendetwas dagegen gehabt hätten, Grundgütiger, sondern weil wir es einfach absolut nicht gewohnt waren. Uns wurde dadurch deutlich bewusst, dass uns in Film, Fernsehen und im Netz meist eine ganz andere »Wirklichkeit« präsentiert wird, als die, welche wir aus dem Alltag kennen, wo uns tagtäglich Personen mit den unterschiedlichsten Körperformen begegnen. Diese künstliche Wirklichkeit besteht tendenziell oft nur aus schlanken, höchst attraktiven und erfolgreichen Menschen. Ein Trend, der so viel anderes ausgrenzt oder negiert, ist aber nicht gesund. Deshalb sollten wir dazu als Verbraucherinnen und Verbraucher Stellung beziehen und eine Konsumhaltung vertreten, die auf lange Sicht die Medienwelt und den Schönheitsmarkt auffordert, ihre »Wahrheit« der unseren – heißt: der Realität – ein wenig anzupassen. Ich gebe etwa schon ziemlich lange kein Geld mehr für Frauenzeitschriften aus, die mir vorschreiben, wie ich auszusehen hätte. Genauso wenig unterstütze ich Sender, die Formate ausstrahlen, in denen Typen sich zwischen zehn Frauen ihre »große Liebe« aussuchen dürfen. Was aber meine größte Schwachstelle, das Shopping, betrifft, muss ich auf jeden Fall noch einiges dazulernen. Ich versuche zwar, immer öfter von kleinen Labels zu kaufen oder mich in Secondhandläden auszutoben, aber verfalle ab und an doch noch den großen Modeketten. Aber ich arbeite daran.

Uns ist als Käuferinnen und Käufern oft nicht bewusst, dass wir direkt an der Quelle sitzen und es immer mehr Möglichkeiten gibt, sein Geld auszugeben. Aussagen wie »Mein Einkauf bei Primark macht den Bock nun auch nicht fett« ändern tatsächlich absolut nichts. Hier ist zunächst einmal angesagt, über den eigenen Tellerrand hinauszuschauen und sich bewusst zu werden, dass jede Aktion multipliziert eine Menge bewirken kann. Und das fängt bei der Aktion des Einzelnen an. Ich glaube nicht, dass man heute bei der Komplexität, die bei der Produktion der Konsumgüter und den Handelswegen auf dem Markt herrscht, in der Lage ist, alles (ethisch) richtig zu machen, doch egal was und wie man konsumiert, scheint es mir dennoch wichtig, die eigenen Werte zu hinterfragen und zu checken, ob man diese in seinem Alltag nicht besser vertreten kann. Denn hier geht es um mehr als nur darum, sein Gewissen reinzuwaschen.

Wenn wir für die nächste Generation Vielfalt erhalten und ihr mehr Raum geben wollen, um das Leben auf der Erde bunter zu gestalten, dann müssen wir auch etwas dafür tun. Wir können uns öffentlich durch eine andere Konsumhaltung neu positionieren und so das Angebot auf dem Markt langfristig mitgestalten. Auf diese Weise sorgen wir dafür, dass Menschen, die »ihre eigene Farbe« leben, in unserer Gesellschaft endlich ihren Platz bekommen und ihnen mehr Darstellungsfläche geboten wird. Vielfalt macht das Leben bunt. Darum ist es so wichtig, dass Menschen unterschiedlicher Hautfarbe, unterschiedlichen Alters und Geschlechts, mit unterschiedlicher sexueller Orientierung, unterschiedlicher Religion, mit oder ohne Behinderung, mit jedweder Kleidergröße usw. in unserem Alltag präsent und gesellschaftlich integriert sind. Mutter Erde lebt uns diese Vielfalt ständig vor. Bei einem Picknick im Park wundern wir uns auch nicht, warum die Pusteblume größer ist als das Vergissmeinnicht, sondern wir freuen uns über die unterschiedlichsten Farben und Formen, die uns die Natur bietet. Sonst könnten wir unsere Blumensträuße auch nicht so abwechslungsreich und bunt gestalten. Anscheinend befolgen wir das Prinzip der Vielfalt in einigen Bereichen unseres Lebens bereits, nur was unser Äußeres (unseren Körper) anbelangt und das der anderen, fällt uns das eindeutig schwerer. Vielleicht müssen wir einfach wieder »back to the roots«: ein, zwei Serien auf Netflix auslassen und einen kleinen Spaziergang durch den Park oder den Wald machen, um uns von der Natur zu einem farbenfrohen Leben inspirieren zu lassen. Denn deine, unsere Welt ist nur so bunt, wie wir uns trauen, sie anzumalen.

Was sagt Silke dazu?

Raus aus der Opferhaltung! Der vorherrschende Glaubenssatz – und leider haben wir den fast alle so von klein auf mitbekommen – ist, dass man an der Situation in der Welt sowieso nichts ändern kann. Ich höre meine Großmutter noch resigniert am Tisch sitzend sagen: »Was soll man denn nur machen, man kann doch eh nichts ändern.« Und genau darauf will Sandra hinweisen. Indem du diesem Glaubenssatz folgst und ihn zu deinem eigenen machst, wirst du auch nichts ändern. Wenn du ihn aber ins Gegenteil wandelst und in die Aktion gehst, kannst du viel bewirken. Du weißt gar nicht, wie mächtig du sein kannst! Wusstest du etwa, dass es fast keine Hühnereier mit der Kennzeichnung »3« mehr auf dem Markt zu kaufen gibt? Die meisten Verbraucherinnen und Verbraucher lehnen diese Eier von Hühnern aus Käfighaltung ab und greifen lieber auf solche aus Boden- und Freilandhaltung oder vom Biohof zurück, weswegen schon viele Supermärkte Eier aus dieser Haltungsform auslisten mussten. Legebatterien sind in der EU längst verboten, die Halteform in sogenannten »ausgestalteten Käfigen« mit bis zu vierzig Tieren soll in Deutschland ab 2025 untersagt werden. Wer diese Veränderung angestoßen hat? Du und ich! Also erzähl mir nicht, du kannst nichts tun. Wenn du wirklich etwas ändern willst, dann findest du Wege. Alles andere sind Ausreden, hinter denen du dich nur verstecken willst. Kleinigkeiten reichen schon aus, eine Veränderung ins Rollen zu bringen; vielleicht kennst du ja das Bild, das namengebend für das Phänomen des Schmetterlingseffekts ist: der Flügelschlag eines Schmetterlings in Brasilien, der in Texas einen Tornado auszulösen vermochte. Wir alle sind energetisch miteinander verbunden und deswegen kann eine klitzekleine Verhaltensänderung große Auswirkungen auf das Gesamtsystem haben.

Tipp: Fang mit kleinen Dingen an und lebe bewusst. Kaufe bewusst ein, lieber etwas weniger, dafür aber so, dass du es ethisch vertreten und mit deinen Werten vereinbaren kannst. Gehe etwa zum Bauern um die Ecke, unterstütze die regionale Landwirtschaft und versuche, das Gemüse und Obst zu essen, das es saisonal gerade gibt. Nimm an Kräuterwanderungen teil; du wirst erstaunt sein, was man alles essen kann im Wald und auf der Wiese. Lass hin und wieder das Duschgel oder dein Shampoo weg. Es gibt gute Alternativen, auf natürlichem Wege die Haare zu waschen. Mach dich einmal kundig! Dies sind nur ein paar Ideen, die dich auf den Weg bringen sollen. Dir fällt bestimmt noch mehr ein, was du machen kannst, um dir und deinen Werten treu zu bleiben.

Farbpalette: Frau, Geschlecht, Sex

In vielen Ländern dieser Welt ist Sex immer noch ein hauptsächlich von Männern dominiertes Thema und vielerorts herrschen auch noch alte Glaubenssätze in Bezug auf die moralische Vertretbarkeit des Auslebens von sexueller Lust vor. In meinem sozialen Umfeld kenne ich genug Frauen, die diesen Vorstellungen folgen und meinen, es schicke sich nicht für eine Frau, sexuelle Vielfalt zu leben, etwa mehrere Geschlechtspartnerinnen oder -partner zu haben. Damit eines Tages alle Frauen dieser Welt selbst bestimmen können, wann, wie und wie oft sie Sex haben wollen, ist es wichtig, hier Aufklärungsarbeit zu leisten und mit überholten Prinzipien zu brechen.

Sexuelles Selbstbewusstsein als Frau

Extrem hilfreich wäre es beispielsweise, die eigene sexuelle Neugier und Experimentierfreude nicht zu verdammen und auch die von Mädchen im Teenie-Alter sowie die anderer Frauen nicht anzugreifen (*Slut-Shaming* = »Schlampen beschämen«). Es sind im Übrigen nicht hauptsächlich Männer, die uns Frauen ein Schamgefühl einreden, sobald wir mehrere Geschlechtspartner haben oder ein lebendiges Sexualleben führen, sondern meist wir Frauen untereinander. Nach »Dicksein« war die zweitschlimmste Beleidigung, der man in der Schule ausgesetzt war, als Schlampe betitelt zu werden. Auch die Frauen in meiner eigenen Verwandtschaft erinnerten mich ständig daran, dass mein ganzer Wert als Frau an meinem Ruf hänge. Mit Sätzen wie »Pass ja nur auf, dass sie dich nicht Schlampe nennen« oder »Weißt du eigentlich wie viele Bakterien vom Knutschen übertragen werden?« versuchten sie, mich davon abzuhalten, mich sexuell auszuprobieren. Und einige Jahre später waren es meine Freundinnen, vor denen ich mich rechtfertigen musste, nachdem ich ihnen gestand, dass ich eine offene Beziehung testete.

⌣⌣ No-Go »Spaß am Sex«

Ich möchte einmal kurz zusammenfassen, weil ich mir nicht ganz sicher bin, ob du herauslesen kannst, wie absurd das alles eigentlich ist: Als ich ein junges Mädchen war, wurden bei mir eindeutig körperliche und sexuelle Grenzen übertreten; erfreulicherweise verliere ich deshalb nicht mein sexuelles Interesse, darf mich dann aber trotzdem nicht ausprobieren, weil, Gott bewahre, die Nachbarn vielleicht mitbekommen könnten, dass ich Spaß am Sex habe? Jede, die einen normalen Menschenverstand hat, wird merken, dass an diesem Gedankengang doch irgendetwas hakt, oder?

Pussy Power

Statt darauf bedacht zu sein, ständig schön besteigbar zu sein, sollten wir lieber unsere Ängste ablegen, und uns zutrauen, die ganze »Farbpalette« zu erkunden und auszuprobieren, was zu uns passt. Das Universum der Lust ist so bunt. Befreien wir uns von veralteten Prinzipien und bringen wir unserem weiblichen Geschlecht die Wertschätzung und Aufmerksamkeit entgegen, das es verdient: Alles Leben ist schließlich durch die Frau auf die Welt gekommen. Was gibt es Größeres? Von der Lust und den guten Gefühlen, die wir durch dieses Geschenk der Schöpfung erfahren können, mal ganz abgesehen. Darum mein Aufruf:

»Pussy Power« für alle! Öffne deine Vulva, liebe, und zwar so, wie es sich für dich gut und richtig anfühlt! Und lass dir bitte deine sexuelle Neugier niemals von irgendjemand nehmen. Soll doch Tante Fridi in Ohnmacht fallen, dann hält sie endlich mal für fünf Minuten die Klappe.

Du musst also nicht, wie es uns in den meisten kitschigen Romantik-Filmen weisgemacht wird, darauf warten, bis dich der eine Traumprinz findet, und dich dann wie ein unberührtes Lamm von ihm erobern lassen. Das ist absoluter Bullshit! Wenn du diesem (Märchen-)Stoff deine Vorstellung für ein leidenschaftliches Leben entnimmst, wirst du höchstwahrscheinlich enttäuscht werden. Es gibt nicht den Traumprinzen und auch nicht die Traumprinzessin, denn generell gibt es nichts absolut Perfektes im Leben. Außerdem lassen sich, wenn wir ehrlich sind, wirkliche Hingabe, guter Sex oder die Liebe selbst nicht in ein nur zweistündiges Filmformat mit 100-prozentigem Happy End packen. Und weil es so viele Männer und Frauen da draußen gibt, die auch noch alle unterschiedlich sind, ist es doch am besten, dich auszuprobieren und zu sehen, wer und was (welche sexuellen Spielarten und Beziehungsformen) zu dir passt. Du gehst ja auch nicht in irgendeinen Laden und kaufst dir irgendeinen Pulli, ohne ihn anprobiert zu haben. Und bis du herausgefunden hast, was du bereit bist, auszugeben, weißt, was du genau suchst, und schließlich ershoppst, was zu dir passt und sich auch noch gut anfühlt, darfst du in jedem Fall in der Zwischenzeit – so meine Meinung – eine Menge Spaß haben.

⌣ ⌣ **Plädoyer an die Bildungspolitik**

An unseren Schulen sollte es eine zeitgemäße Version von Aufklärung und Sexualkunde geben. Die Erwachsenen von morgen müssen an eine normale Vielfalt sexueller Identitäten herangeführt werden.

Es ist ein Zeichen, dass die Selbstmordrate bei jugendlichen *LSBTTIQ* (Lesben, Schwule, Bisexuelle, Transsexuelle, Transgender, Intersexuelle und Queere) weitaus höher ist als bei heterosexuellen Jugendlichen (nach Wizorek 2014, S. 163: bei Lesben und Schwulen zwischen 12 und 25 Jahren zwischen vier- und siebenmal). Natürlich wird das alles nicht mit sofortiger Wirkung unsere Probleme in diesem Bereich lösen, doch es würde wesentlich dazu beitragen, dass Vorurteile abgebaut werden, Toleranz und ein offenerer Umgang untereinander gefördert werden. Da ich selbst einige homosexuelle Tanzschüler wie auch Freunde während ihres Coming-outs begleiten durfte, sah ich ihren großen Schmerz: Das Gefühl, die eigene Sexualität verstecken zu müssen und sich deswegen nicht dazugehörig zu fühlen, erschwert es vor allem jungen LSBTTIQ, ein gesundes Selbstbild aufzubauen.

Die Vielfalt unserer Geschlechtsteile

Apropos Aufklärung und Sexualpädagogik, wie sieht es eigentlich mit der Akzeptanz und Wertschätzung der Vielfalt unserer Geschlechtsteile aus? In den letzten Jahren hat die Anzahl der Geschlechts- und Schönheitsoperationen drastisch zugenommen. Das »Korrigieren« und Verkleinern von Schamlippen sowie Penisvergrößerungen stehen hier ganz weit oben auf der Favoritenliste. Allein der Gedanke daran lässt meine Vulva schon zusammenschrumpfen. Auch wenn es für mich absolut keine Option wäre, mich einer derartigen OP zu unterziehen, glaube ich, gut nachvollziehen zu können, woher die Überzeugung stammen kann, kein ausreichend schönes Geschlechtsteil zu besitzen. Hier bekommen wir einfach noch nicht so viel Vergleichspotenzial geboten – da ist erst langsam eine neue frauenorientierte Bewegung zu erkennen.

Es ist doch wunderbar, wie vielfältig unsere Vulvas alle sind: Heute sehe ich sie fast täglich in allerlei Formen und Varianten auf feministischen Blogs und Instagram-Seiten. Überall sind aktuell Bilder von ihnen präsent: ob als Sticker, auf T-Shirts oder als Schmuck. Ich stehe auf diese Pussy-Power-Bewegung, vor allem weil »We all came out of a pussy«, wie es so schön auf den Plakaten einer feministischen Stuttgarter Veranstaltung stand. Dennoch ist das eigene Geschlecht für viele immer noch ein peinliches Tabu: Das betrifft nicht nur das Wissen darum, wie das weibliche Geschlecht aussieht, generell und bei sich selbst, sondern auch Themen wie Ausfluss und Periode. Ich kann mich noch ziemlich genau daran erinnern, dass ich nicht wusste, was dieses »weiße Zeug« in meinem Schlüpfer eigentlich war. Und statt mich darüber mit jemandem auszutauschen oder, wie ich es heute mit fast allem mache, es zu googeln, habe ich mich lieber für diesen mystischen Glibber geschämt. Die Vagina und ihre »geheimnisvollen Sekrete« – ich war einfach nur total unwissend und hatte niemanden, den ich hätte dazu befragen können. Was das männliche Geschlecht anging, da schien es weitaus weniger Vorbehalte zu geben. Ich erinnere mich noch gut daran, dass unser ganzer Schulhof mit Penis-Kritzeleien verziert war, nur eine Vulva-Zeichnung gab es nicht. Warum ist offensichtlich: Wir wussten nicht, wie wir sie hätten zeichnen sollen, weil wir keine Ahnung hatte, wie sie aussah. *Und genau da liegt das Problem!* Während die Jungs noch den einen oder anderen Vergleich beim Pinkeln geboten bekommen, sehen die meisten Mädchen aus der Vogelperspektive sowieso nicht mehr als ihren Venushügel.

Umso wertvoller ist die aktuelle Pussy-Bewegung, die darüber aufklärt, dass es ganz natürlich ist, dass weibliche Geschlechtsorgane – Schamlippen genauso wie Brüste – unterschiedlich aussehen. Auch als Label haben wir es uns zur Aufgabe gemacht, bewusst ein Statement gegen Schönheitsoperationen von Geschlechtsorganen zu setzen. Deshalb haben wir vor zwei Jahren passend zum Weltfrauentag unsere *Boobs*-Kollektion herausgebracht. Die Kollektion besteht aus T-Shirts, auf denen jeweils ein unterschiedlich großes Paar Busen zu sehen ist, und einer unserer Leitsprüche, »Life's too short to be the same!«. Denn wenn wir stets Zuschauer bleiben, laufen wir Gefahr, dass das unsinnige und selbstschädigende Vergleichen immer mehr zur Tagesordnung wird und das Natürliche Schritt für Schritt verschwindet. Und dann nehmen Frauen nicht nur irgendwelche Pornostars als Vorbilder (die im Übrigen tatsächlich oft durch Bleaching und operative Eingriffe aufgepimpt werden), sondern kleine Jungs meinen dann eben auch noch mit diesen gestellten »Leistungen« mithalten zu müssen. Was für ein unnötiger Druck, der eines der schönsten Dinge des Lebens unnötig erschwert.

 Deine wundervolle Blume

Nimm dir mehr Zeit für deine Vagina: Zum Beispiel kannst du ein Vagina-Buch führen, in das du Details zu deinem Zyklus und zu deinen unterschiedlichen Gefühlen während dieser Zeit notierst. Mir hat das sehr geholfen, mich besser kennenzulernen und meine Regelschmerzen zu analysieren. In einigen Städten gib es bereits Vulva-Workshops. Mach dich schlau, trau dich und lerne, deine Vulva liebevoll anzunehmen. Doch als Allererstes nimm einen Spiegel zur Hand und schau sie dir einmal richtig an. Dann wirst du ziemlich schnell feststellen, dass in deinem Schlüpfer kein Monster haust, sondern eine einzigartige Blume.

Wie gut
Kennst du deine
Weiblichkeit?

6 Ein gutes Bauchgefühl statt Stress im Magen

Unser Bauch ist unser »emotionaler Gradmesser«, das wissen wir schon. Wenn uns etwas gegen den Strich geht, wir unsere »Farbe« nicht leben oder ahnen, dass etwas, was wir tun, nicht gut für uns ist, dann meldet sich unser Bauchgefühl. Es sagt uns, dass wir uns von uns selbst entfernen und unsere Einzigartigkeit als wichtiges Element der Vielfalt gelebt werden will. Vielen von uns ist der Kontakt zu diesem »Bauchgefühl«, das wir auch Intuition oder Instinkt nennen, verlorengegangen. Es gibt regelrechte Intuitionsfresser, dazu später mehr.

Beziehung zu meinem Bauch – wie geht das?

Die wohl schwierigste On-/Off-Beziehung in meinem Leben ist tatsächlich die zu meinem Bauch. Es hat sich in früheren Kapiteln schon angedeutet, dass auch ich ihn ewig in »Bauchweg-Unterhosen« oder unter mehreren Schichten Strumpfhosen eingequetscht und versteckt habe und ihn habe hungern lassen, um ihn zu verringern. Mir war lange nicht klar, dass er so viel mehr ist als lediglich eine schwabbelige Problemzone.

Ich bin kein Bikini-Monster

Obwohl ich meinem Körper immer mehr annehme, wie er ist, fordert mich mein Bauch mit seiner äußeren Erscheinung vor allem am Strand manchmal noch heraus. Zwar wackele ich mit meinem großen Hinterteil schon ganz selbstbewusst am Meer entlang, aber tief in mir drin sieht es oft ganz anders aus. Denn die innere Stimme, die des Öfteren an mir herumnörgelt (ich nenne sie Claudia, siehe dazu in Kap. 7 ab dem Abschnitt »Rede mit deiner inneren Kritikerin Tacheles«, S. 144–146) versucht mir vor allem im Sommer einzureden, dass ich ein speckiges Bikini-Monster bin, das mit seinen schwabbeligen, hässlichen, überdimensionalen Oberschenkeln den Strand zum Beben bringt. Und wenn ich diesen Gedanken für wahr halte, fühle ich mich auch gleich so. Ich bin dann völlig unentspannt, denn solche Glaubenssätze fressen alle schönen Strandmomente auf. Und wer voller Scham ist und sich nur verstecken will, kann nicht das Meer und die tolle Aussicht genießen.

Genauso ging es mir vor drei Jahren bei meinem allerersten Badeurlaub mit meiner großen Liebe. In meinen Vorstellungen hatte ich mir unsere gemeinsame Zeit unheimlich romantisch ausgemalt. Doch als ich mir meinen gelben Bikini angezogen hatte, fühlte ich mich nur noch wie ein gigantisches, schwabbeliges weißes Etwas. Einen ganzen Strandtag lang zog ich auf der Liege meinen Bauch ein und verglich mich ständig mit diesen unmenschlichen portugiesischen Schönheiten. Zu Hause, in Stuttgart, hatte das mit der Bauch- und Selbstliebe so viel besser geklappt. Aber in diesem Urlaub in Portugal gab es einfach verschärfte Bedingungen: Je heißer die Sonne schien, desto mehr schmolz mein Selbstbewusstsein dahin. Meine negativen Gedanken entwickelten eine völlig eigene Dynamik und mein armer Freund wusste gar nicht, wie ihm geschah: Egal, was er sagte oder tat, alles war falsch. Der Tag war gelaufen und ich spürte, wenn ich nichts an meiner Gefühlslage veränderte, würde der ganze Urlaub in einem Fiasko enden. Also verließen wir den Strand und machten uns auf den Weg zurück zu unserer Ferienwohnung, in der ich mich erst einmal für eine längere Zeit ins Bad einsperrte und durch unterschiedliche Methoden versuchte, mir wieder ein Stückchen näherzukommen. Die Methoden, die mir in dieser Situation halfen, nicht an meinen eigenen Verurteilungswellen zu ertrinken, und somit dazu beitrugen, den Urlaub doch noch genießen zu können, habe ich für dich in meinen (irgendwann weltberühmten) *Love-your-belly*-Übungen auf den folgenden Seiten zusammengefasst.

Nach den Bauchübungen hatte sich meine Grundstimmung jedenfalls deutlich verbessert. Ich war um einiges entspannter und sah endlich auch wieder Dinge im Spiegel, die ich an mir selbst mochte und schätzte. Mir wurde auf einmal klar, dass ich mich bewusst dafür entscheiden kann, welchen Gedanken ich glaube, und somit auch, wie ich

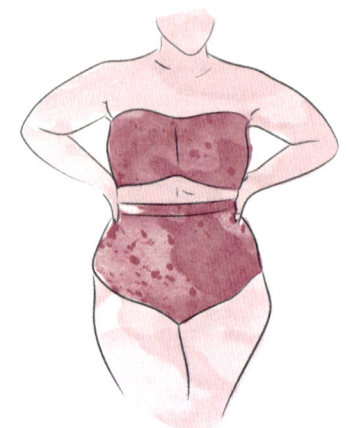

fettes, weißes
Schwabbelmonster

Sexy Frau
im Bikini

mich fühlen möchte. Und wenn ich meine Energie darauf verschwende, dem selbstvernichtenden Gedanken »Ich bin ein schwabbeliges Monster« zu glauben, dann schaffe ich es auch zu glauben, dass ich eine attraktive junge Frau in einem gelben Bikini bin, die eindeutig etwas mehr Sonne vertragen könnte. Ich hatte endlich wieder eine positive Beziehung zu meinem Körper hergestellt, verließ das Badezimmer und kam in meinem Portugal-Urlaub ganz an.

»Love-your-belly«-Übungen

Die Übungen durchzuführen, das geht mir auch heute noch sehr nah, weil sie genau in dieser Situation aus mir selbst heraus entstanden sind und ich sie nicht aus irgendeinem Ratgeber habe. Ich kann mich noch sehr gut daran erinnern, wie ich über eine Stunde in dem Badezimmer vor dem Spiegel stand und mich weinend und lachend darin betrachtete. Bei 40 Grad im Schatten ist es nicht nur eine Wohltat, sich von all seinen Klamotten zu befreien, sondern man nimmt seine Nacktheit und die dadurch erkennbare Haut auch viel emotionaler wahr. Es war ein sehr wichtiger und intensiver Moment mit mir selbst. Diese und andere Übungen, in die ich dich im Folgenden einweihen werde, habe ich bereits in mehreren Vorträgen und Workshops mit anderen Frauen geteilt. Verstehe sie bitte (wie die anderen in diesem Buch) nur als Inspirationen, deine ganz eigenen *Belly*-Übungen zusammenzustellen. Natürlich kannst du sie auch für andere Körperstellen nutzen, denn jede Frau leidet an ihrem ganz individuellen Körperschmerz.

♡ »Love-your-belly«-Übungen

Schau dir deinen Bauch an – sei es in einem Spiegel oder aus der Vogelperspektive, und erlaube dir, alle Gedanken und Gefühle kommen zu lassen, die du empfindest, wenn du ihn dir ansiehst.

Leg deine Hände auf ihn – vielleicht werden dadurch deine Gefühle intensiver oder du nimmst dabei einfach nur deine Atmung deutlicher wahr. Hier gibt es kein Falsch und kein Richtig. Alles darf, nichts muss.

Schließe nun die Augen – vergegenwärtige dir, dass dein Bauch genauso sein darf, wie er ist, und darum ziehst du ihn ab sofort auch nicht mehr ein oder versteckst ihn. Viele Menschen kennen ihren »normalen« Bauch gar nicht, da er ständig eingezogen ist. Strecke ihn deshalb auch gerne mal bewusst heraus und gehe dann in die Gegenbewegung. Wiederhole dies so oft, bis du eine Bauch-Position findest, die sich für dich rund und wohlig anfühlt. Auf diese Weise löst sich deine grundsätzliche Verspannung und du öffnest dich wieder für mehr Freude und andere Gedanken in deinem Körper.

Nimm dir Zeit und gönne dir ein paar kräftige, tiefe Atemzüge – wichtig dabei ist, dass du nicht in die Brust hineinatmest (Frauen neigen besonders dazu), sondern in deinen Bauch. Dieser wölbt sich, wenn frische Luft in ihn hineinströmt, und senkt sich wieder, wenn die verbrauchte Luft wieder ausgeatmet wird. Im Alltag atmen wir meistens viel zu flach und zusätzlich falsch. Eine tiefe Atmung kann uns richtig entspannen. Und mit frischem Sauerstoff im Gehirn hat man übrigens auch mehr Energie, seine Gedanken zu überprüfen und neu auszurichten. Vielleicht schickt dir dein Körper beim Atmen auch Signale. Höre ihm zu!

Berühre deinen Bauch liebevoll – streichle ihn leicht, vielleicht sogar zärtlich. Wann hast du deinen Bauch eigentlich das letzte Mal freundlich berührt? Vielleicht während du dich vor dem Spiegel entkleidetest? Oder kneifst du dir lieber grob in den Speck und bist unzufrieden mit dir? Unser Bauch ist hochsensibel. Er ist nicht nur der Mittelpunkt und die Schaltzentrale unseres Verdauungsapparates, sondern birgt auch unser »emotionales Gehirn« und zwei Drittel unseres Immunsystems. Überlege dir doch mal, was du mit all der Lebenslust und Energie machen möchtest, die frei wird, wenn du aufhörst, deine Körpermitte verringern zu wollen.

Selbstmassagen wirken auch Wunder – um ein noch besseres Gefühl für deinen Bauch oder andere Körperstellen, die du nicht schön an dir findest, zu bekommen. Ganz nach Belieben und je nach Bedarf kannst du dafür Sonnencreme oder ein wohlduftendes Körperöl verwenden. Creme dich ein und massiere dich sanft. Mir ist bewusst, dass sich das nun ziemlich schräg anhört. Aber wie oft berühren wir unseren Körper wirklich sinnlich und wohltuend? Selbstbefriedigung zählt nicht! Auch wenn es sich so anfühlen kann, als wäre dies die lustvollste körperliche Erfahrung, die wir machen können, freut sich unser Körper darüber, wenn wir nicht nur unsere Klitoris streicheln. Genieße die Langsamkeit deiner Berührung und beobachte deine Gedanken und Gefühle dabei. Spüre, wie weich und angenehm sich deine Haut, dein Bauch anfühlt. Einige Menschen machen das regelmäßige Einölen zu einem spirituellen Ritual. Auch ich gebe gerne etwas mehr Geld für ein angenehm duftendes Körperöl aus, das meine Sinne betört, und nehme mir die Zeit, mich damit zu verwöhnen (wenn ich schaffe, sogar einmal pro Woche). Am Tag danach fühle ich mich jedes Mal wie verwandelt, irgendwie frischer und geliebter. Vielleicht ist dies pure Einbildung, aber egal. Es zählt, dass ich mich danach einfach super fühle. Probiere es selbst aus und sei überrascht, wie es dir am nächsten Tag gehen wird.

Intuition

Wenn wir uns wieder spüren, ein besseres Gefühl für unseren Körper bekommen und unseren Bauch wieder lieben gelernt haben, fällt es uns auch leichter, an das heranzukommen, was wir unter dem Begriff »Bauchgefühl«, »Intuition« oder »Instinkt« verstehen. Ob wir uns selbst lieben, annehmen und vertrauen, entscheidet mit darüber, ob wir diesem Gefühl, das aus dem Unbewussten zu kommen scheint, folgen. Das zeigt auch die folgende kleine Geschichte – eines meiner Teenie-Dramen. Was da passierte, hat mir erst nahegebracht, wie hilfreich es doch wäre, öfter auf die kleine Stimme aus dem Untergrund zu hören.

Besser ist es, auf sein Bauchgefühl zu hören

Ich war damals süße 17, hatte bereits meine eigene Bude und war schwer in Felix verknallt. Den lernte ich damals auf einer der vielen Homepartys meiner damaligen besten Freundin Lena kennen. Ihre Eltern verreisten übers Wochenende öfters und so hatte sie regelmäßig sturmfrei. Ihre Partys waren beliebt, es wurde viel getrunken und hart gefeiert. Und so kam es, dass ich Felix unter dem knutschenden Getümmel kennenlernte. Wir hatten einige Dates, doch er wollte nichts Ernstes und so wurde daraus ein ständiges Hin und Her mit viel Herzschmerz. Während dieser Zeit »freundeten« sich auch Lena und Felix an. Sie simsten sich regelmäßig und er besuchte sie oft – sehr oft. Als ihre Nachbarin bekam ich es natürlich mit, wenn sein weißer Opel wieder vor ihrer Tür parkte. Richtig merkwürdig wurde es, als sie plötzlich tagsüber die Rollläden nach unten gezogen hatte. Als ich sie zur Rede stellte, meinte sie, dass sie sich nur einen Film angeschaut hätten und die Sonne gestört habe. Und da war das erste Mal diese Stimme und dieses Gefühl in meinem Bauch, die mir sagten, dass da etwas nicht stimmte und sie mich anlog. Andererseits wollte ich Lena und Felix nicht wirklich zutrauen, dass sie es hemmungslos miteinander trieben, obwohl ich nur ein paar Meter von ihnen entfernt war. Auf den folgenden Partys verschwanden die beiden immer öfter in irgendwelchen Zimmern oder machten mysteriöse Mitternachtsspaziergänge. Lena versprach mir allerdings immer noch hoch und heilig, dass zwischen ihnen nichts laufe. Einige Wochen später kam dann aber alles raus: Sie hatten wirklich die ganze Zeit über ein Techtelmechtel gehabt. Tja, ich war nach Strich und Faden belogen worden, aber ich hatte auch zugelassen, mich immer wieder von Neuem anlügen zu lassen. Das alles tat megaweh, vor allem endlich zu checken, dass ich für Felix nur eine x-beliebige Nummer gewesen war. Aber es war noch viel schlimmer, die Person zu verlieren, bei der ich mich wegen solch eines Arschlochs sonst ausheulen würde: meine beste Freundin.

Nachdem die größten Tränen endlich getrocknet waren, wurde mir bewusst, dass ich aus Loyalität zu meiner Freundin meinen eigenen Instinkt verleugnet hatte. Und plötzlich musste ich mich fragen, wie oft ich mich schon gegen meine Intuition entschieden oder sie erst gar nicht wahrgenommen hatte. Erschrocken stellte ich fest, dass ich öfter in den verschiedensten Lebenssituationen etwas hatte geschehen lassen, obwohl es sich für mich nicht »rund« oder »gut« angefühlt hatte. Und das, was am Ende dabei herauskam, bestätigte meist, dass das komische Gefühl in meiner Magengegend recht gehabt hatte. Nachdem mir das klar war, suchte ich nach Wegen, mehr Vertrauen zu meiner Intuition aufzubauen. Ich ließ mich von Büchern und Workshops inspirieren und habe dadurch Achtsamkeit und Meditation für mich entdeckt. Diese unterstützen mich dabei, von meiner lauten Außenwelt in mein unersetzliches, wertvolles Inneres zu blicken.

Ein achtsames Leben hilft, seine Gedanken und Emotionen wahrzunehmen, bevor sie im Handeln untergehen.

Intuition – die supersensible Vorahnung

Heute, einige Jahre nach der »Beste-Freundin«-Geschichte, bin ich davon überzeugt, dass man einiges »unbewusst wissen« kann, alleine dadurch, dass man es fühlt. Ansonsten lässt sich für mich mein Bauchgefühl schwer in Worte fassen. Es gleicht einfach einer super sensiblen Vorahnung, die nicht mit einer Vorverurteilung einer Situation zu verwechseln ist. Diese Vorahnung kann ich vor allem dann spüren, wenn es ruhig um mich herum ist. Ist es aber laut und hektisch (und das ist es oft), geht sie wie eine Mail schnell mal unter. Wenn sich meine Intuition meldet, passiert das häufig, etwa wenn Menschen eine befremdliche, ungewohnte Körperhaltung einnehmen oder sie einen anderen Ton in der Stimme als üblich haben. Es ist eine Art Gespür, das Situationen innerhalb von Bruchteilen einschätzt, bevor mein Verstand sich überhaupt ein Bild davon machen konnte. Dieses »Gefühl« – oder wie auch immer man es benennen mag – geht für mich über den Verstand hinaus, ohne gegen ihn zu arbeiten. Versteh mich bitte nicht falsch, unsere Intuition löst ihn nicht ab, ich meine vielmehr, dass sie ihn vervollständigt, und manchmal tänzelt sie ihm sogar voraus. Kreative und leidenschaftliche Menschen profitieren von ihrem Input, weil sie für viel mehr Raum auf der Fläche möglicher Gedanken sorgt und auf Unbewusstes zurückgreift, an das wir allein über den Kopf meist nicht herankommen.

Unser Bauchgefühl ist wie ein Muskel. Wenn wir ihn nicht trainieren und ihn vernachlässigen, werden wir nie sein ganzes Potenzial entfalten können.

Warum ist das Bauchgefühl bei so vielen futsch?

Nicht nur bei Jugendlichen muss sich erst einmal ein Gefühl für die Intuition entwickeln, nein, auch viele Erwachsene haben keinen Zugriff auf die hilfreiche Stimme aus der Magengegend. Dies betrifft vor allem Menschen aus den westlichen Industrienationen: Entweder haben sie ihr Bauchgefühl in einer bestimmten Lebensphase verloren oder sie konnten es erst gar nicht so richtig entwickeln, weil das Selbstvertrauen fehlte. Bei mir war es beinahe auch futsch. Mir haben meine Belly-Übungen geholfen, meinen Körper wieder lieben zu lernen und einen guten Draht zu meinem Bauchgefühl zu bekommen. Seitdem verspüre ich nicht nur etwas mehr Magie in meinem gelben Bikini und habe mehr Glücks- als Stressgedanken, sondern kann in brenzligen Situationen auch mehr auf meinen Instinkt zurückgreifen, der mir die Richtung weist. Aber was ist der Grund dafür, dass bei so vielen die Leitung zur Intuition unterbrochen ist? Zwei Intuitionsfresser kennt sicher jede von uns aus ihrem Leben.

Intuitionsfresser Arbeit In einer so schnelllebigen Welt wie der unsrigen fehlt uns oft die Zeit, um in uns hineinzuhören – und das geht auf Kosten unserer Intuition. Oder hast du schon mal bei einer wichtigen beruflichen Entscheidung deinen Chef um mehr als fünf Minuten Bedenkzeit gebeten, in denen du dann die Augen geschlossen, die Hände auf den Bauch gelegt und versucht hast, in dich hineinzuspüren? Nein? Schade eigentlich. Ist ja auch schwer möglich, sind wir doch oft in einem Hamsterrad gefangen, das allein den Gedanken daran, einmal durchzuatmen, Kraft zu schöpfen, geschweige denn Zeit für sich zu haben, um sein Bauchgefühl spüren zu können, nahezu unmöglich macht. Für viele ist, eine Hundertstundenwoche durchzuhalten, ein Zeichen von Ehrgeiz und Disziplin, obwohl solche durchgetakteten Arbeitstage jede Form der Ruhe verschlingen, die wir benötigen, um die Bedürfnisse unseres Körpers und unserer Seele wahrnehmen zu können. Im schlimmsten Fall endet eine solche Arbeitseinstellung mit stressbedingten Krankheiten, wie etwa Depressionen oder Burnout. Obwohl das längst bekannt ist, steigen die stressbedingten Krankheitsausfälle weiter an.

Unser Verständnis von Gesundheit scheint sich in den letzten Jahren völlig verschoben zu haben. Wir glauben tatsächlich, mit dem Gang ins Fitness-Studio nach einem 10-Stunden-Tag etwas für unser körperliches und seelisches Wohl tun zu können. Dabei ist das nur ein weiterer Punkt auf unserer nie endenden To-do-Liste und nicht wirklich gesund! Bedauerlicherweise machen sich die meisten über ihre Lebenskraft erst dann ernsthaft Gedanken, wenn sie diese völlig verbraucht haben. Wer sich wenig Zeit für seine Gesundheit nimmt, wird irgendwann von den Folgen eingeholt und sich spätestens dann viel Zeit fürs Auskurieren seiner Krankheiten nehmen müssen. Dabei ist es viel besser, sich sofort um sein Körper- und Seelenwohl zu kümmern. Dann ist das Leben gleich um einiges angenehmer. Unser Körper braucht regelmäßige Auszeiten, um neue Energie auftanken zu können. Ständig auf seine Pausen zu verzichten, nur um schneller in den Feierabend zu kommen oder die komplette fehlende Ruhe in seinem Urlaub irgendwann nachzuholen, das funktioniert langfristig einfach nicht. Und solange dies nicht beachtet wird, arbeiten sich immer mehr Menschen krank.

Natürlich kann man sagen, dass unsere Leistungsgesellschaft zu einem großen Teil an dem ganzen Dilemma schuld ist, trotzdem glaube ich, dass wir selbst einen ebenso großen Anteil daran haben, weil wir uns auf das »Hamsterrad« überhaupt erst einlassen und es meist auch noch in unserer angeblichen »Freizeit« etabliert haben. Viele von uns haben dabei verlernt, ihren Körper zu »lesen«, ihre Bedürfnisse, auch seelischer Art, zu erkennen und ihre eigenen Grenzen zu ziehen. Kein Wunder, dass da die Gefühle im Bauch nicht wahrgenommen werden. Wir müssen wieder lernen, öfter nein zu sagen und wieder achtsamer mit uns selbst umgehen. (Dabei werden dich im nächsten Kapitel die »Bauchtipps« unterstützen.) Vielleicht schaffen wir es dann, nicht mehr so sehr in unseren Köpfen zu leben, sondern mehr in unseren Gefühlen.

Unsere Gefühle zu leben ist in der digitalisierten Welt sehr wichtig, denn in einem Zeitalter, in dem die Technisierung zunimmt und Informationen und Daten mehr vertraut wird als dem eigenen Bauchgefühl laufen wir Gefahr, das aufs Spiel zu setzen, was uns von Computern und Maschinen noch unterscheidet: wie Kreativität, Neugierde, Begeisterungsfähigkeit und Empathie. Noch ein Grund, sich wieder mehr seinen Gefühlen zu widmen und diese nicht im Wettkampf mit der Technik zu opfern. Denn »Leistung« können Maschinen und Roboter sowieso bald viel mehr bringen als wir. Setzen wir also auf den Unterschied!

Hoffnung macht, dass einige Unternehmen mittlerweile im Rahmen der betrieblichen Gesundheitsfürsorge auf Programme zur Unterstützung der körperlichen und seelischen Gesundheit setzen, weil sie auf den Trichter gekommen sind, dass ihre Mitarbeiterschaft dann nicht nur fitter, sondern auch kreativer ist. Kommt dann noch Wertschätzung vonseiten des Arbeitgebers und ein gutes Miteinander im Team dazu, sehen bei den Angestellten die Motivation und Begeisterung für die Arbeit schon ganz anders aus als bei den meisten Unternehmen, die viel Geld für Beratung und Trainings ausgeben, um Konflikte, Konzepte und schlechte Umsatzzahlen kreativ in den Griff zu bekommen. Wäre doch der Arbeitswelt zu wünschen, dass mehr Wert auf das ganzheitliche Starkmachen der Mitarbeiterschaft gelegt wird, damit ihr ganzes Potenzial zur Geltung kommen kann.

Nur ist es so, dass auf dem Markt leider ein immenser Konkurrenzdruck herrscht und viele Unternehmen immer noch nicht aus ihrem Dornröschenschlaf erwacht sind. Statt Kooperation ist noch immer das Ellenbogenprinzip an der Tagesordnung und oft läuft man als Angestellte oder Angestellter einfach als mehr oder minder funktionierendes »Rädchen« in diesem ungesunden System mit. Im Prinzip gleicht das Leben heute meist einer großen Castingshow: Nur die Besten kommen weiter. Hundert bewerben sich auf eine Wohnung, eine/einer bekommt den Zuschlag. Dasselbe trifft auf Praktika, Studienplätze und Jobs zu. Ich denke, dass sich ständig behaupten und mit anderen in Wettkampf treten zu müssen, nicht der wahren Natur des Menschen entspricht, denn am Ende können wir nur im sozialen Miteinander überleben. Das sollte sich auch unser Schulsystem auf die Fahnen schreiben, das durch sein veraltetes Bewertungsprinzip die Wettkampfmentalität bereits an den Schulen etabliert und neue »Systemmitläufer« heranzüchtet.

Intuitionsfresser Schule An unseren Schulen brauchen wir also auch noch mehr Kreativität, einen ganzheitlichen Lehransatz, der Raum für Gefühle lässt, und außerdem mehr Freiheiten für Andersdenkende. Schülerinnen und Schüler müssen individuell wachsen können dürfen. Nur so sind wir in der Lage, eines Tages zumindest mit der nächsten Generation aus dem oben beschriebenen Dilemma herauszufinden. Während meiner Schulzeit hieß es immer: »Sandra, du bist unheimlich kreativ, wenn du nur halb so viel Leidenschaft wie in Kunst für die wirklich wichtigen Fächer aufbringen könntest, wäre das nicht schlecht«, oder: »Sandra, du hast echt ein Talent fürs Tanzen, aber damit wirst du später kein Geld verdienen können.« Abgesehen davon, dass viele meiner lieben Lehrerinnen und Lehrer sich eindeutig irrten, macht es mich wütend, dass die Fächer Kunst, Sport und Musik immer noch weniger gelten als alle anderen.

Durch den Dokumentationsfilm *InnSaei* (2016) bekam ich das erste Mal mit, wie viele Schulen dieser Entwicklung entgegenwirken möchten und sich deshalb alternative Fächer einfallen lassen, um die Schülerinnen und Schüler besser auf das Leben vorzubereiten. Im Empathie- oder Glücksunterricht lernen die Kinder durch Meditation, Achtsamkeitsübungen und Gruppenspiele ihren Körper, ihre Sehnsüchte und Ängste besser wahrzunehmen. In der Doku wurde zudem ein Schüler gezeigt, dem der Empathieunterricht nicht nur zu besseren Schulnoten verholfen hatte, sondern dem es dadurch auch gelungen war, die Atmosphäre zu Hause zu verbessern. In einem Interview gab der Vater des Schülers zu, dass es ihn am Anfang etwas Überwindung gekostet habe, die Ratschläge seines 8-jährigen Sohnes anzunehmen, aber er sei mit seinem veränderten Verhalten solch eine Inspiration und so ein Vorbild für ihn gewesen, dass er gar nicht anders gekonnt habe, als ihm zu folgen. So zeigte ihm sein Sohn, wie er mit seiner Wut nach einem langen Arbeitstag besser umgehen konnte, brachte ihm Achtsamkeits- und Atemübungen bei und lebte ihm vor, dass es völlig okay ist, das Zimmer kurz zu verlassen, um in sich hineinzuhören, zu beruhigen und anschließend gelassener wieder ins Zimmer zurückzukehren. Das führte dazu, dass zu Hause viel weniger gestritten wurde. Diese Filmszene rührte mich zu Tränen, weil das gemeinsame Lernen von Groß und Klein für mich revolutionär ist. Wir sollten alle viel öfters älteren Menschen zuhören und mit kleinen Kindern spielen. Wir können so viel von ihnen lernen, wie wir zurück zu unserer Mitte finden können!

Da ich selbst an unterschiedlichen Brennpunktschulen soziale Tanzprojekte durchführe und genau weiß, aus welchen sozialen Strukturen viele Kids kommen, ist es mir ebenso ein großes Bedürfnis, ihnen wichtige Werkzeuge dafür an die Hand zu geben, Kontakt zu ihrem Inneren aufzubauen und sich zu spüren – es ist die Grundvoraussetzung für einen lebenslangen guten Umgang mit sich selbst. Mittlerweile weiß man aus diversen Studien und wissenschaftlichen Berichten, dass das Meditieren Kindern und Erwachsenen hilft, aus dem oftmals zu schnellen und lauten Chaos des Alltags zu entfliehen, bevor einem alles über den Kopf wächst. Ich halte Meditation, Empathie- und Glücksunterricht an allen Schulen für absolut einführenswert! Je früher man lernt, sein Inneres wahrzunehmen, umso besser. Vielleicht schaffen wir es so mehr Menschlichkeit, Miteinander und eine positivere Sicht auf das Leben und die Potenziale, die es mit sich bringt, in unsere Welt zu bringen. Natürlich würde es uns erst einmal Geld kosten, entsprechendes Lehrpersonal auszubilden und mehr qualifizierte Sozialarbeiterinnen und Sozialarbeiter in die Schulen zu schicken. Doch so würden wir unser veraltetes Schulsystem endlich den wahren Bedürfnissen der Heranwachsenden anpassen und sie befähigen, wichtige Strategien und Kompetenzen für die Entwicklung ihres Selbst zu erlernen. Langfristig gesehen würde unsere Gesellschaft auf diese Weise viel Geld sparen, wenn wir in intuitives Wissen und Lernen sowie Kreativität investierten: weniger Kuren und Rehas für kranke Arbeitnehmende, weniger Frust und Jugendkriminalität, mehr Motivation, eigene Potenziale und Begabungen für die Gemeinschaft einzusetzen usw. Was Schulreformen dieser Art bislang noch so blockiert, sind übrigens nicht so sehr die Gegenargumente, sondern vielmehr die Angst vor Veränderung davor, Altes loszulassen und sich Neuem zuzuwenden. Dabei ist der Wandel das Prinzip des Lebendigen und diesem sollte man besser vertrauen, denn man kommt an ihm als »Lebewesen« sowieso nicht vorbei. Eine Gesellschaft, die aus Angst vor Veränderung keine Reformen zulässt, muss sich darum über »Bauchschmerzen«, Angstzustände und Depressionen in ihrer Mitte nicht wundern, richtet sich dieses Verhalten doch gegen die Menschen selbst.

Was sagt Silke dazu?

Als Mutter von zwei Kindern freut es mich total, dass Sandra auch dieses Thema hier anspricht. Meine Kinder hatten das Glück, in einer Freien Schule zu lernen, und im Rückblick muss ich sagen, das war ein Paradies für sie. Dort gab es tatsächlich gelebtes Miteinander auf Augenhöhe, Wertschätzung und Achtsamkeit auf allen Ebenen.

Wir haben in Deutschland eine Schulpflicht und schauen nach jahrhundertelanger preußischer Einheitsschule mittlerweile auf eine breite Schullandschaft. Es gibt Schulformen, die die ersten Schritte zur »Zukunftsschule« schon erfolgreich gemacht haben und durch die immer mehr alternative Lerngemeinschaften entstehen. Es sind vor allem reformpädagogische Schulen, die Freien oder Demokratischen Schulen, die Kurs auf »Lernen macht Spaß« genommen haben. Ihre Reformen basieren auf Erkenntnissen einiger Hirnforscher – allen voran des Neurobiologen Gerald Hüther. Wir lernen nicht durch Pauken und Auswendiglernen von Wissen nachhaltig, sondern durch Motivation und Begeisterung. Alles Lernen, das von innen heraus initiiert wird, alle Inhalte, für die man »brennt«, lernt man begierig, leicht und schnell, sodass es ein Leichtes für das Gehirn ist, neues Wissen langfristig abzuspeichern und neue neuronale Verbindungen zu schaffen. Das kennen wir sicherlich alle! Was uns Spaß machte, hatten wir sofort im Kopf. Daraus ergibt sich als neue Aufgabe der Schule, Begeisterung bei den Kindern zu wecken, Ideen und Talente bei ihnen zu unterstützen und die natürliche Neugierde zu erhalten. Unsere Kinder werden neugierig geboren, und sie bleiben es, solange wir sie lassen und ihnen den Raum dafür geben. Es lohnt sich, in der Bildung neue Wege zu gehen. Am Ende der Schulzeit werden dann selbstbewusste, verantwortungsvolle, neugierige junge Menschen entlassen, denen vielleicht das eine oder andere Fachwissen fehlt, aber die unverbogen und ehrlich ins Berufsleben starten.

Tipp: An der eigenen Schulzeit, die wir bereits durchlaufen haben, können wir gewiss nichts mehr ändern, aber das heißt ja nicht, dass wir nicht dafür sorgen könnten, eine lebensnähere Bildung für die Kinder um uns herum – eigene, fremde, Nichten, Neffen, Enkel, Patenkinder usw. – zu gewährleisten. Du kannst helfen, ihre Neugier zu erhalten. Informiere dich, beobachte und gib Impulse. Wenn unsere Kinder in einem neuen Bewusstsein aufwachsen, investieren wir in eine bessere Gegenwart und Zukunft – auch für uns.

Was hängen bleibt und Intuition ist

Was passiert eigentlich, wenn sich die Intuition meldet oder unser Bauch mit uns spricht? Kann man das irgendwie erklären oder definieren? Klar ist, wir greifen dann auf unbewusstes Wissen zurück, ohne vorher groß darüber nachzudenken. Vielleicht lohnt es, sich zuerst anzuschauen, wie wir uns Wissen überhaupt aneignen bzw. wie wir uns Dinge merken.

Multi und beidseitig lernt man besser Seit einigen Jahren beschäftigen sich die Psychologie und die Neurowissenschaften vermehrt mit der Frage, wie besser gelernt werden kann. Schon länger hat man erkannt, dass es fürs Lernen gut ist, Informationen miteinander zu vernetzen, denn so lässt sich das neue Wissen gut im Hirn abspeichern. Unsere zwei Gehirnhälften sind für unterschiedliche Bereiche zuständig. Die linke ist für logische, rationale Prozesse verantwortlich und steht somit für *das Denken*. Die rechte dagegen beherbergt unser kreatives, intuitives Zentrum und steht somit eher für *das Fühlen*. Spricht man nun beim Lernen beide Gehirnhälften zugleich an – zum Beispiel beim Lernen mit allen Sinnen oder über Erfahrung –, dann ist dies die beste Voraussetzung nachhaltig neues Wissen im Gehirn abzuspeichern.

Ich kann mich noch gut daran erinnern, wie mein Psychologielehrer uns in der ersten Stunde schwer damit beeindruckt hat, dass er am Ende alle unsere 35 Namen nur in einer Stunde auswendig gelernt hatte. Und das funktionierte folgendermaßen: Er fragte jede Schülerin und jeden Schüler nach dem Namen und ihrer bzw. seiner größten Leidenschaft. Nehmen wir mich als Beispiel. Name: Sandra (linke Gehirnhälfte = [abstraktes] Wissen); größte Leidenschaft: Tanzen (rechte Gehirnhälfte = [visuell, auditiv und kinästhetisch vorstellbar] Fühlen). Ich bin mir sicher, dass er sich zu den Infos, die er bekam, innerlich ein Bild machte, einen Ton im Ohr hatte oder vielleicht auch an eine Bewegung dachte, um sich die Kombi Name, Passion und Gesicht der einzelnen Person besser zu merken. Reichten ihm die Informationen für seine Technik nicht aus, durfte man noch ein bisschen mehr von sich erzählen. So brachte er die einzelnen Informationen dazu, miteinander in seinem Gehirn zu kooperieren. Genau so funktionieren im Übrigen auch Eselsbrücken.

Begeisterung bringt neue Synapsen Davon hat Silke oben berichtet. Erinnere dich einmal daran, wie es sich anfühlte, als dich ein Thema so richtig begeistert und fasziniert hat. Das muss nicht zwingend während deiner Schulzeit gewesen sein, sondern kann auch in der Freizeit stattgefunden haben. Etwas, an dem du großen Spaß hattest und dir jeden Aufwand wert war, etwas, was dir buchstäblich unter die Haut gegangen ist. Ja, hast du was? Auch hier haben jetzt vermutlich deine beiden Gehirnhälften zusammengewirkt, deshalb konntest du meine Frage so leicht beantworten. Wenn wir begeistert sind, sind wir höchst motiviert und es passiert etwas Wunderbares: Es bilden sich neue Synapsen. Eine ziemlich lange Zeit ist man davon ausgegangen, dass sich im Alter keine neuen Synapsen mehr bilden können. Heute weiß man, dass das nicht stimmt. Man nehme einen einsamen Opa, der plötzlich, nach seinem Italien-Urlaub, nichts anderes mehr macht, als Italienisch zu lernen. Seine Motivation: Er will sehr bald seine neue Liebe Maria wieder besuchen und sich mit ihr verständigen können. Natürlich ist es im Alter schwieriger, sich neue Dinge anzueignen, aber der begeisterte Verliebte wird leichter lernen als so mancher anderer. Zu lernen, sich weiterzuentwickeln und zu wachsen, das ist ein menschliches Grundbedürfnis, wir müssen (für uns) dazu nur die richtigen Anreize schaffen.

Intuition ohne Verstand? Was geht da ab? Einige Psychologen sind der Meinung, dass unsere intuitive Einschätzung von Situationen durch das, was wir wahrnehmen (bei den meisten Menschen: durch das, was wir sehen) und das unbewusste Abgleichen mit vorhandenem Wissen entsteht. Nur können wir dadurch auch schnell Vorurteile entwickeln, denn wir nehmen ja immer nur einen Ausschnitt der Wirklichkeit wahr. Dass wir auf unsere Erfahrungen zurückgreifen, ist ganz natürlich, auch dass wir hin und wieder mal den einen oder anderen falschen ersten Eindruck entwickeln, aber ich für meinen Teil kann sagen, dass ich mir auch schon viele Dramen ersparen konnte, weil ich auf mein Bauchgefühl gehört habe. Meine Intuition reagiert hochsensibel auf Gestik und Mimik. Und da bekommt sie von der Umwelt viel Futter, denn unsere Kommunikation besteht zum größten Teil aus Körpersprache. Und davon nimmt unser Unterbewusstsein viel mehr auf, als wir denken. Um genau zu sein, geht unbewusst sowieso das Meiste ab, nur ein ganz kleiner Teil bei der Informationsaufnahme und -verarbeitung findet bewusst statt. Deshalb ist für mich mein Bauchgefühl mehr als nur ein Vorurteil, das mir ab und zu doch mal dazwischenrutscht (was menschlich ist).

Intuition, das heißt, von außen nach innen zu blicken, um sich und seine Emotionen wahrnehmen zu können und anschließend mit diesem Wissen von innen nach außen zu blicken. Das ist überaus wichtig und wertvoll, denn so kannst du mitfühlend mit deiner Umwelt, deinen Mitmenschen und dir selbst umgehen.

Meine Definition von Bauchgefühl Fakt ist, dass mein Bauchgefühl, das tief aus meinem Inneren kommt, in meinen Augen mehr ist als ein dubioses Gefühl meines Unbewussten. Es verbindet quasi emotional verarbeitete Eindrücke des Außen mit einer Art Gespür für die vorliegende Situation. Das hilft mir, so zu handeln, dass es für mich ganzheitlich passt. Deshalb versuche ich stets, mich bei wichtigen Entscheidungen für eine Weile zu entschuldigen und zurückziehen, um auf meinen Bauch, meinen Körper und die darin versteckten Gefühle zu lauschen. Der Film *InnSaei* gehört übrigens zu meinen persönlichen Lieblingsfilmen. Der Name des Films ist ein altes isländisches Wort und bedeutet »Intuition«. Doch das Wort steht auch für das innere grenzenlose Meer, das wir alle in uns tragen, voller Kreativität und unendlicher Möglichkeiten.

Was sagt Silke dazu?

Es ist schon lange kein Geheimnis mehr, dass unsere Entscheidungen nicht allein vom Gehirn getroffen werden. Unser Bauch – speziell unser Darm – ist umhüllt von mehr als 100 Millionen Nervenzellen. Neurowissenschaftlerinnen und Neurowissenschaftler haben herausgefunden, dass dieses »Bauchhirn« sozusagen ein Abbild des Kopfhirns ist – Zelltypen, Wirkstoffe und Rezeptoren sind exakt gleich. Im Bauchraum befindet sich auch der Solarplexus, unser großes vegetatives Nervengeflecht.

»Das schlägt mir auf den Magen«, »Ich habe Schmetterlinge im Bauch« oder »Liebe geht durch den Magen« erscheinen plötzlich in einem ganz neuen Licht und sollten nun eher als Weisheiten unserer Ahnen betrachtet statt süffisant belächelt zu werden. Lange bevor dir eine Entscheidung bewusst wird, ist sie also bereits gefallen – und zwar im Bauch. Wissenschaftlerinnen und Wissenschaftler der Columbia University haben herausgefunden, dass mehr Verbindungen vom Bauch ins Gehirn existieren als umgekehrt, was heißt: Dein Bauch bestimmt mehr oder weniger, wo es für dich langgeht.

Tipp: Auch wenn dein Bauch vielleicht aktuell nicht deinen Ansprüchen genügt, verbünde dich mit ihm. Überlege dir gut, was du an Gedanken und Nahrungsmitteln konsumierst. Auch dein Bauch braucht eine gesunde Umgebung, um seine vielfältigen Aufgaben zu erfüllen. Vielleicht hast du noch nie etwas darüber gehört: Entgiftung und Darmsanierung kann man auch in jungen Jahren machen und je eher du diese Tools anwendest und sie selbstverständlich für dich sind, umso besser für deine Gesundheit. Du wirst erstaunt sein,

wie viel Kraft du etwa durch eine kurze Ernährungspause von
15 Stunden (über Nacht) gewinnst, weil du so sehr viel Energie einsparst, die sonst für die Verdauung gebraucht wird. Da alles miteinander verbunden ist, insbesondere unser Darm mit unserem
Gehirn, ist eine gesunde, liebevolle Einstellung zu deiner Nahrungsaufnahme und deinem Magen nicht nur für deinen Körper hilfreich,
sondern auch für deine Seele. Sandra hat insbesondere im nächsten
Kapitel ganz viele Tipps, wie du dich um deinen Bauch liebevoll
kümmern kannst!

7 Liebe deinen Bauch, dich selbst und das Leben

Was ein besseres Gespür für unsere Intuition und mehr *Belly*-Liebe für unser Leben, aber auch für die Gemeinschaft, in der wir leben, alles bringen kann, davon hast du jetzt bestimmt eine Idee bekommen (und deiner Fantasie sind keine Grenzen gesetzt, da weiter und größer zu denken). Also höre auf, deinen Bauch einzuziehen, fühle öfters in ihn hinein und schenke ihm und dir mehr Raum. Und wenn du meinst, dass es dir helfen könnte, deinem Bäuchlein etwas vorzusingen, dann tu das bitte! Es ist *dein* Körper, *dein* Umgang mit deinem »Zuhause« und es sind *deine* Regeln, die du für dich aufstellst. Hauptsache, du fängst endlich an! Mit mehr »Bauchgefühl« in deinem Körper kannst du den Mut aufbringen, deine eigene Wahrheit zu finden und zu leben. Ich hoffe, du hast verstanden, dass Selbstliebe mehr ist, als nur ein Buch zu lesen oder selbst eins zu schreiben (*kleine Erinnerung an mich selbst*) und dass dein »Bauch« Platz braucht, nicht nur in deiner Kleidung, sondern auch in deinem Leben. Und mit »Leben«, meine ich dein Leben im Jetzt. Zwar wissen die meisten, wer sie eines Tages sein wollen, doch die wenigsten haben eine Ahnung davon, wer sie eigentlich sind. Das macht es natürlich schwierig, seinen eigenen Weg zu gehen und mit mehr Bauchgefühl loszustiefeln. Darum fragen wir jetzt erst einmal danach, wer das »Ich« eigentlich ist, von dem aus du startest, und wie es zu dem geworden ist, was es ist.

Wer ist »ich«?

Wer wir sind, wie wir zu dem geworden sind, was wir sind, oder welches Bild wir von uns haben, das sind spannende Fragen, die man sich nicht nur selbst stellt, sondern zu denen auch schon lange wissenschaftlich geforscht wird. Eine nicht unwichtige Rolle bei der Formung unseres Selbst spielt neben unseren Genen auch unser soziales Umfeld und die Erfahrungen, die wir mit ihm machen.

Vom kleinen Ich zum großen »Wer bin ich?«

Aus psychologischer Sicht beginnt sich unser kleines Ich so ab dem dritten Lebensjahr zu entwickeln. Prägend sind hier die Erfahrungen, die wir machen, die emotionalen Bindungen zu unseren nächsten Bezugspersonen und das Feedback, das wir von ihnen zu unserem Handeln und Aussehen erhalten. So formt sich unser erstes grobes Selbstbild. Leider werden uns im Laufe unseres Lebens zwar Stärken und Talente zugesprochen, aber immer noch vor allem unsere Fehler und Schwächen vorgehalten, was für die Entwicklung und das Stärken unseres Selbstbewusstseins nicht gerade förderlich ist. Wir legen uns ein Hobby zu und fangen an, uns für die verschiedensten Dinge zu interessieren. Wir entwickeln einen Musik- und Modegeschmack, politische Meinungen und religiöse oder spirituelle Überzeugungen. Nach und nach versuchen wir, uns in unterschiedliche Kategorien einzuordnen und uns über Rollen zu identifizieren. Irgendwann machen dann die meisten von uns so etwas wie »Work and Travel«, fahren ans andere Ende der Welt, um danach eine Ausbildung oder ein Studium zu beginnen. Wir heiraten, kaufen ein Haus und bekommen Kinder. So macht man immer mehr von den Dingen, die man halt so macht, um seinen Lebenslauf zu füllen. Und vielleicht haben wir am Ende doch »Glück«, weil etwas passiert, das uns dazu inspiriert, aus den Dingen, »die man eben so macht«, auszusteigen. Etwa eine schwere Krankheit, die wir überleben, oder ein großer Schicksalsschlag, der uns ereilt. Denn die meisten von uns haben durch die in ihrer Kindheit geprägten Verhaltensmuster, ihre Rollen und Lebenserfahrungen unbewusst ein Bild von ihrem Ich entwickelt, das nicht mehr viel mit ihnen zu tun hat.

Was sagt Silke dazu?

Was in Bezug auf die spirituelle Szene schon lange gerne belächelt wurde, wird nun dank der Quantenphysik immer mehr bestätigt: Wir sind nicht nur Körper! Wir sind Energie. Und, habt ihr gut aufgepasst in Physik? Der Energieerhaltungssatz sagt aus, dass in einem geschlossenen System (in unserem Fall das Universum) Energie weder erschaffen noch verloren gehen kann. Energie kann immer nur umgewandelt werden. Das heißt, du bist nicht dein Körper! Du brauchst in unserer Dimension allerdings einen Körper, um dich ausdrücken zu können. Und wenn du irgendwann deinen Körper ablegst, gibt es dich immer noch. Nur in einer anderen Form.

Daraus ergibt sich die Frage: Warum verbringst du nicht deine Zeit mit Dingen, die deine Energie erhöhen und dir Spaß machen? Mit Freundinnen und Freunden? Damit, deine Träume zu verfolgen? Klingt das nicht besser, als ständig über Unzulänglichkeiten und Umgestaltungen deiner körperlichen Hülle nachzudenken? Sofern dir das auch Freude bereitet, ist das ja okay, aber bei den allermeisten führt es eher zu Frust und Depressionen. Dein Körper, den du heute besitzt, begleitet dich nur in diesem Leben. Sei dir bewusst: Du bist viel mehr als dein Körper. Nicht nur er, sondern auch Geist, Seele, Emotionen, Gedanken machen dich aus.

Tipp: Ziehe dich in einen ruhigen, bequemen Raum zurück und entspanne. Vielleicht magst du die Augen schließen. Beobachte deinen Atem. Wandere in der Zeit zurück. Bleib in einer schönen Szene deiner Kindheit. Was machst du da? Wer war um dich herum? Geh zu dem kleinen Kind und frage, was es wirklich möchte? Was will es einmal werden, wenn es groß ist? Welche Träume erzählt es dir? Welche Botschaft hat es an dich? Wenn es nicht gleich beim ersten Mal klappt, sei nicht traurig. Versuch es immer wieder – es ist eine Verabredung mit deinem kleinen Ich. Du wirst Antworten bekommen.

Unser soziales Umfeld und unsere wichtigsten Bezugspersonen prägen uns mit ihrem Verhalten und ihrem Feedback. Das bedeutet in meinem Fall, dass ich das Tanzen wohl nicht für mich entdeckt hätte, wenn meine Mutter mich nicht mit drei Jahren zu einem entsprechenden Kurs gebracht und sich für dieses Hobby begeistert hätte. Womöglich wäre ich auch keine Tanzpädagogin geworden, wenn mir mein Umfeld nicht zurückgemeldet hätte, dass ich dafür talentiert genug bin. Tja, umso schwieriger war es für mich später, mein bestehendes Ich, das für mich vor allem aus der Rolle der tanzenden Sandra bestand, loszulassen, um herauszufinden, wer ich noch alles sein möchte.

Diesen Gedankenknoten zu lösen und neue Visionen zuzulassen, wie etwa dieses Buch zu schreiben, gehörte zu den schwersten Entscheidungen in meinem Leben. Nach über zwanzig Jahren, in denen das Tanzen das Zentrum meines Lebens gewesen war, hatte ich große Angst vor solch einer Veränderung und davor, ohne das Tanzen niemand mehr zu sein. Es hat über zwei Jahre gebraucht, bis ich mir eingestehen konnte, dass ich aus dem Tanztraum, den ich als kleines Mädchen gehabt hatte, herausgewachsen war. Aus »Ich will tanzen« war mit den Jahren ein »Ich muss tanzen« geworden. Also beschloss ich, meine Tanzschule, die ich selbst aufgebaut hatte, nach zehn Jahren zu schließen, um mich der Verwirklichung neuer Träume zu widmen. Es freut mich übrigens sehr, dass du mich auf diesem Weg ein Stück weit begleitest. Mich auf mein Bauchgefühl zu verlassen wurde bereits jetzt schon mehrfach belohnt und ich habe das Gefühl, mir dabei selbst schon ein ganzes Stückchen näher gekommen zu sein – mir und meiner Seele. Doch mein bunter Alltag lenkt mich immer noch viel zu oft von mir selbst ab. Vor Kurzem habe ich, passend dazu, eine wunderbare Geschichte gelesen, die vom König und seinen vier Frauen.[4] Sie ging mir regelrecht unter die Haut und ließ mich erkennen, wieso es so wichtig ist, sich immer wieder Zeit für sich selbst zu nehmen. Für dich habe ich sie ein wenig aufgemotzt und in die Jetztzeit transportiert:

Lola und ihre vier Angestellten

Lola hatte den kleinen Friseursalon ihrer Mutter geerbt. Nach ihrem Tod tat sie alles, um den Salon mitsamt seinen vier Angestellten halten zu können. Als sie aber von ihrer Steuerberaterin erfuhr, dass es nichts bringen werde und sie trotzdem Insolvenz anmelden müsse, hatte sie eine solche Angst, was werden würde, dass sie sich der vierten Angestellten anvertraute und sie fragte, ob sie ihr in dieser schwierigen Situation nicht beistehen könne. Es war die Frisörin, mit der Lola die meiste Zeit verbrachte und der sie nach Feierabend oft noch die Haare färbte und schnitt. Doch sie antwortete, dass sie es nicht könne, weil jetzt, wo das Zeitliche des Ladens gesegnet sei, sie sich nach einem neuen Job umsehen müsse, um ihren Lebensstandard halten zu können. Daraufhin fragte Lola ihre dritte Angestellte, die sie vor allem mochte, weil sie sich stets darum kümmerte, dass der Salon immer sauber und besonders schön aussah, doch auch sie dachte daran, dass sie in Kürze zu einem anderen Laden überwechseln müsse, und antwortete ihrer neuen Chefin, dass sie ihren Job zu sehr liebe und sich angesichts der drohenden Ladenschließung lieber nach einem neuen Salon umschauen werde. Also fragte Lola ihre zweite Angestellte, die von Anfang an dabei war, den Laden mit Lolas Mutter aufgebaut hatte und sich sehr gut um die Stammkunden kümmerte. Doch auch sie lehnte ab, Lola zu unterstützen, versprach ihr aber dafür, eine unvergessliche Abschiedsparty zu veranstalten und die ganze Stadt einzuladen. Als Lola ziemlich verzweifelt nach Feierabend im Salon saß, sprach plötzlich die erste Frisörin, die ganz unscheinbar war, aber als gute Seele im Hintergrund wirkte, mit einer ganz leisen Stimme zu ihr: »Ich werde an deiner Seite sein und dich bei dem ganzen Prozess begleiten und mit dir gehen, wohin auch immer.« Lola schämte sich, sie bereute, ihr nicht vorher schon mehr Aufmerksamkeit geschenkt zu haben.

Diese kleine Geschichte ist eine Metapher dafür, dass es auch in unserem »Lebenssalon« diese vier Angestellten gibt. Angestellte Nummer vier steht für unseren Körper, den wir zwar gerne mit schicken Anziehsachen kleiden, mit Schmuck verschönern oder Wohltuendem belohnen, aber am Ende unseres Lebens nicht mitnehmen können, sondern auf der Erde zurücklassen werden. Frisörin Nummer drei präsentiert unseren gesellschaftlichen Status und unseren materiellen Besitz, für die wir in unserem Leben viel Zeit opfern, die uns aber in Bezug auf unser Lebensglück nicht weiterbringen, denn am Lebensende, müssen wir auch all das hinter uns lassen. Die zweite Angestellte steht für unsere Familie, unsere Freundinnen und Freunde, denen wir vertrauen und die für uns da sind, wenn wir sie brauchen – in Notlagen, aber vielleicht auch an unserem Sterbebett. Doch letztlich sind wir für uns allein verantwortlich und müssen so, wie wir in die Welt gekommen sind, auch alleine wieder gehen. Die erste Frau, die bei so vielen so selten Gehör findet, steht für unsere Seele. Sie ist die Einzige, die uns überallhin folgen kann und wird. Wie sehr lohnt es sich da, ihr fortan mehr Aufmerksamkeit zu schenken! Mit Blick auf die vier Angestellten heißt das: Kümmere dich um deinen Körper und lebe gesund. Teile deinen Besitz mit anderen und stelle anderen zur Verfügung, was du an Ressourcen hast, sodass mehr Menschen etwas davon haben. Schätze deine Freundinnen und Freunde sowie deine Familie für die Liebe und Unterstützung, die sie dir schenken. Und zu guter Letzt vergiss nicht, dich um deine Seele zu kümmern! Nimm dir die Zeit, um für dich und mit dir besondere Momente zu kreieren: um dankbar für das zu sein, was du hast, und um zu meditieren, weil deine Seele deine liebste Freundin sein kann.

‿ ‿ Durch dich wird das Leben bunter

Mit diesem Buch möchte ich dich nicht nur zu mehr *Body-Positivity* ermuntern, sondern dich auch mit viel Liebe und Achtsamkeit an deine Seele und dein Selbst heranführen. Die Geschichte hat mir deutlich gemacht, dass ich viel zu oft meine Zeit für vergängliche Sachen verschwendet habe und mein Inneres oft nach etwas zu formen versuchte, was mir gar nicht entsprach. Es gilt jedoch, sich seiner eigenen Seelenfarbe bewusst zu werden und diese zu leben (siehe Kap. 5, S. 75). Davon profitiert im Übrigen auch die Gemeinschaft, in der du lebst, denn durch jede Farbe, die gelebt wird, wird dort das Leben ein bisschen bunter.

Individuum und Gemeinschaftstier, geht das?

Viele Menschen haben große Bedenken, ihre Seelenfarbe, ihre Individualität oder ihre Träume zu leben – oder umgekehrt, wenn dies andere in ihrem Umfeld tun. Sehr oft kommen dann Einwände wie »Wir brauchen doch Regeln« oder »Wo kommen wir denn da hin, wenn jeder macht, was er will«. Doch Individualität und ein funktionierendes Gemeinschaftsleben schließen sich nicht unbedingt aus. Ich selbst etwa gehöre zu den Menschen, die stark versuchen, nach ihren eigenen Idealen und Prinzipen zu leben, und sich trotzdem an die Gesetze halten. Meine Überzeugung ist sogar, dass ich durch die intensive Beschäftigung mit mir und meinen Lebensthemen eine weitaus größere Empathie für meine Mitmenschen entwickelt habe, und gerade weil ich mehr zu mir selbst stehe und zu dem, was ich kann, dies auch besser für die Belange der Gesellschaft einsetzen kann.

»Sein Ding machen« bedeutet nicht, Kleinkindern ihre Süßigkeiten zu klauen, sondern es bedeutet, seinem Selbst in der Welt Ausdruck zu verleihen. Und von diesem Kunstwerk profitiert das ganze Umfeld.

Alles keine Dinge, die der Gemeinschaft, in der ich lebe, schaden, ganz im Gegenteil. Was die Bedenkenträger im Grunde unruhig macht, ist nicht der gelebte Individualismus, sondern wieder, wie bei den Schulreformen, die Angst vor dem Wandel und dem Hinterfragen der eigenen Lebensführung. Deshalb beäugen sie die Menschen skeptisch, die ihre Seelenfarbe leben und nur »ihr Ding« machen wollen. Sie befürchten, zu bemerken, dass ihr Leben ins Stocken geraten ist und sie selbst etwas verändern müssten, um glücklicher zu sein.

Was sagt Silke dazu?

Der Mensch als Individuum ist ein Herdentier und ohne Interaktion mit unseren Mitmenschen führen wir ein eher tristes Leben, was uns unter Umständen auch zeitiger ins Grab bringt. Wir möchten uns erfahren und benötigen dazu die Gesellschaft anderer Individuen.

Nun ist es über die Jahrhunderte allerdings so weit gekommen, dass in unseren mitteleuropäischen Gemeinschaften sich jede/jeder auf Kosten anderer zu profilieren versucht. Die Personen, die einer Gemeinschaft angehören, arbeiten zwar »scheinbar« zusammen, werden aber innerhalb des Kollektivs immer noch nach dem bewertet, was und wie viel sie leisten und wofür sie sich am besten benutzen lassen. Oftmals wird man mehr oder weniger zum Objekt degradiert. Und wenn man nicht genug Selbstvertrauen und Selbstliebe mitbringt, beginnt man, sich diesen unguten Werten des Kollektivs anzupassen. Und dann passiert das, woran unsere Gesellschaft krankt: dass Individualistinnen und Individualisten zu Außenseiterinnen und Außenseitern werden und die Angepassten nur noch mitlaufen, Befehle entgegennehmen und diese ausführen.

Frage: Stehst du zu dir? Oder versuchst du dich der Harmonie wegen zu verleugnen? Witzigerweise fühlen wir uns eher von den Menschen angezogen, die zu sich stehen und nicht angepasst leben, sondern klar in ihrer Ausrichtung sind und scheinbar etwas Magisches an sich haben. Das ist so, weil sie uns an unsere Ursehnsucht erinnern: uns selbst zu verwirklichen. Menschen, die aus sich heraus leben, ziehen uns also an, weil sich jede/jeder von uns hier auf der Erde ausdrücken möchte. Das liegt in der Natur des Menschen genauso wie seine Veranlagung, Zugehörigkeit zu einer sozialen Gruppe zu suchen. Individualität und Gemeinschaftssinn schließen sich also nicht aus. Im Gegenteil: Zum Entwickeln des eigenen Potenzials bietet die Gruppe einen geschützten Rahmen. Ich trete ein in den Raum der unzähligen Möglichkeiten, die mir eine Gruppe geben kann, und entfalte das, was in mir angelegt ist. Das kann in allen Lebensbereichen etwas Neues sein oder ich verändere nur ein wenig oder bleibe einer Sache mein ganzes Leben treu. Je nachdem, wie ich es möchte, und bestenfalls, wie es gut für mich ist. Das allein ist die Entscheidung des Individuums … und es ist Zukunftsmusik.

Individualität zu leben, das bedeutet, mutig zu sein und zu sich zu stehen. Ich kann mich noch gut daran erinnern, wie vor Jahren alle Bemühungen rund um das Internet belächelt worden sind. Die Pioniere, die uns das World Wide Web brachten, waren Menschen, die offen für Neues waren, eine Vision hatten, vom Träumen ins Planen übergegangen und drangeblieben sind. Und was ist? Heute kann sich niemand mehr vorstellen, auch nur einen Tag auf seinen Internetzugang zu verzichten. Falls du also Ideen hast oder dir Dinge im Kopf herumschwirren, die andere kritisieren, lass dich nicht davon abschrecken, sie umzusetzen, wenn sie dich begeistern. Tief in dir wirst du wissen, was du zu tun hast und wie die nächsten Schritte sind. Ich sage es nochmals: Alles ist bereits in dir! Lebe deine Träume und lass sie dir von niemandem stehlen!

All die bunten Menschen und exzentrischen Sonderlinge bereichern unsere Gesellschaft ungemein und beeinflussen unser Leben schon allein durch ihr Anderssein positiv. Die anderen anzuerkennen in ihrer Größe, macht auch uns größer.

Übung: Setze dich an einen ruhigen Ort und nimm dir ein leeres unliniertes Blatt. Entspanne dich und frage dich: Was würde ich tun, wenn ich wüsste, dass ich mit etwas, was mir schon länger im Kopf ist, Erfolg hätte und kein Mensch mich bewerten würde? Was wären die nächsten Schritte, um mir einen Traum zu erfüllen, wenn niemand mich dafür kritisieren würde? Wie würde ich leben, wenn ich das völlig unabhängig von der Entscheidung anderer entscheiden könnte? Schreib alles auf, was dir einfällt, und je größer und »unmöglicher« du dabei denkst, umso besser! Lass deiner Kreativität freien Lauf. Du bist hier, in diesem Leben, um dich zu verwirklichen. Was möchtest du eigentlich tun? Das Blatt ist nur für dich. Du wirst sehen, dass du mit der Zeit immer mutiger und schwungvoller wirst. Du kannst es, wie Sandra es tut, auch unter dein Kissen legen (siehe Kap. 11, Body Power Point Nr. 5, S. 178), oder du klebst es irgendwohin, wo du öfter mal draufschauen kannst, oder du schreibst gleich in ein Buch (Sandra nennt es »Ich-Buch«; siehe dazu in Kap. 7, »Sich selbst besser kennenlernen«, S. 153). Mit der Zeit wirst du merken, wie du dich entwickelst und wie frei und wundervoll du dich dabei fühlst.

Dein Ding machen – »Bauchtipps«, die dir dabei helfen

Sein Ding zu machen, ist extrem wichtig, um sich in der Welt ausdrücken zu können und sein Selbst zu entwickeln. Dafür sind folgende Voraussetzungen nötig:

1. sich Zeit für sich selbst zu nehmen
2. nein sagen zu können
3. unsichere Lebensphasen zu bewältigen
4. loslassen zu lernen
5. Mitgefühl zu entwickeln und
6. sich besser kennenzulernen

Diese sechs Punkte haben mir extrem geholfen, mein »Sandra-Ding« zu machen. Was es damit auf sich hat, möchte ich mit dir teilen. Zusätzlich helfen dir meine »Bauchtipps«, dich in dem einen oder anderen Punkt zu üben. Solltest du während des Lesens bemerken, dass dir einige Stellen einen Druck auf der Brust verursachen oder du anderweitig emotional oder nachdenklich reagierst, schließe das Buch und nimm dir etwas Zeit, um herauszufinden, weshalb das so ist. Denn genau dann versucht dir deine Seele etwas Wichtiges mitzuteilen.

Zeit für dich selbst

Zeit ist deshalb so kostbar, weil sie eben nicht beim Supermarkt um die Ecke erhältlich ist. Dennoch führen die meisten Menschen ein Leben, als hätten sie in ihrer Vorratskammer noch fünf weitere Dosen davon in Reserve. Daran schuld sind oft Denkansätze wie »Erst einmal musst du richtig schuften, um dir später etwas gönnen zu können«. Dieses »später« ist für viele eine solch große Motivation, dass sie dafür das Leben im Jetzt völlig opfern. Sie vergessen dabei jedoch, dass wir nur im jetzigen Moment zu sein und zu leben vermögen.

Wenn du wissen willst, wie dein Leben in Zukunft wird, dann schau auf die Handlungen, die du heute ausführst.[5]

Buddha

Bei all den Überforderungen, die wir uns zumuten, und der wenigen Zeit, die uns für uns selbst bleibt, entfernen wir uns jedoch immer mehr von dem, was uns ausmacht, und da sind wir wieder bei der Geschichte von »Lola und ihren vier Angestellten«, die uns zeigen sollte, worauf es im Leben wirklich ankommt: in gutem Kontakt mit seiner Seele zu sein und seine Seelenfarbe zum Leuchten zu bringen. Dafür muss man sich aber auch den Raum schaffen. Viele Menschen sind davon ganz weit entfernt, sie haben nur ein Ziel vor Augen: sich »irgendwann« »irgendetwas« leisten zu können, und dafür nehmen sie einen Wochen- und Arbeitsrhythmus in Kauf, der mir persönlich nur bei dem bloßen Gedanken daran eine heißglühende Panik in der Magengegend bereitet. »Leben« findet dann nur noch am Wochenende und im Urlaub statt und das ist zeitlich betrachtet wohl eher nur ein kurzes Leben. Für die Anstrengerei und Anpassung wird dann nach Feierabend belohnt, betäubt und abgelenkt, was das Zeug hält. In diesem Zustand sind nicht wenige nur einen »Joint« (steht stellvertretend für Alkohol und andere Rauschmittel, Sex, Essen, Partys etc.) vom Urlaub vor sich selbst oder von dem eigenen Leben entfernt.

Ich möchte hier keine Moralpredigt über Ersatzdrogen halten, doch so, wie manche sie verwenden, um ihre innere Kritikerin oder den Input von außen auszuknocken, tappen sie schlichtweg direkt in eine Abhängigkeitsfalle. Und was dabei herauskommt, ist innere Leere. Warum dann nicht lieber wirklich mehr Raum für dich schaffen? Etwa durch mehr Ruhe in deinen Gedanken und durch kleine Pausen, indem du dir Zeit für dein Inneres nimmst, meditierst oder dich in Achtsamkeit übst.

Innere Leere lässt sich nicht durch einen vollen Kleiderschrank füllen

Kurz bevor mein Cousin 18 wurde, hatte er das Gefühl, dass sich das Leben nur um Arbeit und Leistung drehe. Leicht deprimiert fragte er seine Mutter, was überhaupt der Sinn des Lebens sei. Und sie antwortete: »Hart zu arbeiten, um sich mit dem nötigen Geld seine Wünsche erfüllen zu können!« Wirklich jetzt? Gibt es noch eine frustrierendere Antwort? Doch wie viele Menschen haben genau solch einen Gedanken? Anscheinend lässt uns unsere kapitalistische Welt vergessen, dass es auch einige wichtige Wünsche gibt, die nicht durch Geld, sondern nur durch einen bewussten und achtsamen Umgang mit uns selbst und unserem Leben in Erfüllung gehen können. Der Schauspieler Jim Carrey hat einmal gesagt: »Ich hoffe, dass jeder einmal reich werden kann und dann alles hat, was er sich je erträumt hat, sodass er erkennt, dass dies nicht die Antwort ist.«[6]

Ich muss zugeben, dass ich mir von meinem Geld auch gerne Wünsche erfülle und es ausgebe für das eine oder andere tolle Outfit. Es ist ja auch nichts Falsches dran, sich im Leben etwas Schönes zu gönnen: hübsche Kleidung, eine schöne Wohnung oder interessante Reisen. Doch nachdem mein Kleiderkonsum (meine größte Sucht) das Streitthema Nummer eins in meinen Beziehungen geworden war, war das Nächste, was in meiner Shoppingtüte landete, ein Ratgeber darüber, wie man lernt, minimalistisch zu leben. Obwohl ich bei der »30 Teile im Kleiderschrank«-Challenge versagte, habe ich so einiges über mein Konsumverhalten gelernt. Etwa, dass das Anhäufen von Gütern dich nicht zufriedener oder glücklicher macht und sich innere Leere nicht durch einen vollen Kleiderschrank füllen lässt. Geschweige denn, dass die Anzahl der dort hängenden schönen Kleider etwas darüber aussagen könnte, ob du ein gutes Leben führst oder nicht. Doch was macht uns wirklich glücklich? Was gilt es anzuhäufen? Was wertet unser Leben auf? Auf diese Fragen muss jeder Mensch in seinem Leben seine ganz eigenen Antworten finden.

In dem Film *Das Beste kommt zum Schluss* (2007) mit den Schauspielern Jack Nicholson und Morgan Freeman gibt es eine Filmszene, über die ich lange nachgedacht habe. In der Story geht es um zwei Senioren, die unterschiedlicher nicht sein könnten. Das Einzige, was sie verbindet, ist die wenige Lebenszeit, die sie noch übrig haben. Und so beschließen sie eine »Löffelliste« – das ist eine Liste, auf der steht, was man sich wünscht, noch getan zu haben, bevor man den »Löffel abgibt« – zu schreiben und »abzuarbeiten«. Ein Punkt auf einer der Listen ist es, sich die Pyramiden in Ägypten anzuschauen. Und so sitzen die beiden älteren Herren völlig außer Puste oben auf einer Pyramide und genießen die Aussicht. Dabei erzählt Freeman seinem neuen Freund, dass die alten Ägypter daran glaubten, dass sie den Engeln vor der Himmelspforte zwei Fragen beantworten müssten, bevor sie hindurchschreiten durften. Die erste lautete: Ist es dir gelungen, Freude im Leben zu finden? Und die zweite: Hat dein Leben anderen Freude gebracht? Zwei sehr intensive Fragen, die man sich nicht nur am Ende seines Lebens stellen sollte.

Wie du sicherlich bemerkt haben wirst, gehört Filmeschauen zu meinen absoluten Kraft- und Inspirationsquellen, sei es alleine auf meiner Couch (da lässt sich nämlich am besten ganz laut schluchzen), mit meinem Freund im Kino oder beim Heimkinoabend mit Freundinnen und Freunden. Da fällt mir ein, ich habe einen Bekannten, der nicht zum Filmeabend erscheint, wenn in dem ausgesuchten Film gestorben wird. Er gehört zur Mehrheit der Menschen, die das Thema »Tod« in ihrem Leben meiden und dabei etwas Wesentliches, was zum Leben dazugehört, ausblenden. Dabei ist der Tod einer der größten Lebensinspirationen.

Tod als Inspiration In unserem heutigen Alltag trägt unser leistungsorientiertes Handeln und unser Bedürfnis, unseren Luxusstandard zu halten, dazu bei, die wirklich wichtigen Dinge in unserem Leben zu verdrängen. Meist erinnern uns erst dramatische Schicksalsschläge und der nahende Tod daran. Oft sind wir erst dann bereit, endlich unsere gute Erziehung zu vergessen und mutig genug zu sein, unsere Liebsten zu enttäuschen und uns nicht mehr fremdbestimmen zu lassen. Ist der Tod vielleicht sogar unsere größte Inspiration?

Vor zwei Jahren wurde mein Blut auf Leukämie getestet, die darauffolgende Wartezeit war für meine Liebsten und mich ziemlich hart. Was mir in meiner ganzen Angst half, war, zu meditieren und meinem Selbst mehr Raum zu geben. Ich stellte fest, dass in mir noch einige Sehnsüchte und Träume schlummerten, die gelebt werden wollten. Das wurde mir angesichts der Vergänglichkeit meines Lebens schonungslos bewusst.

Angst vor dem Tod? Ist es nicht genau umgekehrt, dass wir eher Bange haben, nicht wahrhaftig gelebt zu haben? Ich meine hier mit »leben«, nicht einfach nur so vor sich hinzuleben, wie es die meisten Menschen tun, sondern ich rede von einem Lebensstil, der keinen Platz mehr lässt für Sätze wie »Ach, hätte ich mich nur dies oder jenes getraut«. Am Ende unserer Tage werden wir uns über alle »Fehler«, die wir nicht begangen, und alle Erfahrungen, die wir nicht gemacht haben, ärgern. Deshalb sollten wir schon heute damit anfangen, unsere Ängste niemals größer werden zu lassen als unsere Träume. Und wieso nicht den Tod, die Vergänglichkeit des Lebens, als Inspiration nutzen, um genug Mut für ein Leben aufzubringen, das Raum gibt für alle Erfahrungen, die auf dem Weg zu uns selbst wichtig sind. Aufgepasst, hier kommt Bauchtipp Nr. 1!

♥ **Bauchtipp 1: Erinnerungsvision der Vergänglichkeit**

Um auf dich zu hören und dein Leben zu leben, dazu muss du nicht unbedingt eine Nahtoderfahrung gemacht oder einen schrecklichen Schicksalsschlag erlitten haben. Dir bildlich vorzustellen, was eines Tages auf deinem Grabstein stehen sollte, kann auch schon hilfreich sein. Klingt erst einmal ein wenig makaber, ist aber eine gute Übung, um herauszufinden, was dir wirklich wichtig ist und was deine Mitmenschen von dir in Erinnerung behalten sollten. Statt »Sandra führte ein anständiges und artiges Leben« entschied ich mich für »Sandra führte ein buntes und mutiges Leben«.

Vielleicht eine etwas sanftere Methode, sich mit dem eigenen Tod zu befassen, ist mir in der beliebten TV-Serie »How I met your mother« begegnet. Ted Mosby entwickelt da seine ganz persönliche »Erinnerungsvision der Vergänglichkeit«. Sie besteht daraus, dass er eines Tages, wenn er alt ist, mit seinen besten Freunden auf der Veranda hockt und sie sich gegenseitig an den Erinnerungen und Geschichten, die sie gemeinsam erlebt haben, erfreuen werden. Vielleicht motiviert dich das, dich auch mit deinem Tod auseinanderzusetzen und dir so bewusst zu machen, wie kostbar deine Zeit hier auf Erden ist. Bei Ted ist es die Veranda, bei mir der imaginäre Grabstein. Und was ist es bei dir?

Und falls beides für dich nichts ist, dann lade den Herrn Tod doch mal auf eine Tasse Tee ein und stelle dir vor, was genau du ändern würdest, wenn er dir das genaue Ablaufdatum deines Lebens verriete. Meist wird einem da ziemlich rasch bewusst, wofür man seine begrenzte Zeit auf dieser Erde tatsächlich nutzen möchte und wofür lieber nicht mehr.

Nein sagen

In jedem von uns schlummert der Wunsch nach Anerkennung und Liebe. Wir wollen uns wichtig fühlen, nicht ersetzbar sein, gebraucht werden. Um dazuzugehören, versuchen wir, den Erwartungen anderer zu genügen, und möchten möglichst perfekt sein. Andere zu enttäuschen oder seine Unvollkommenheit zu feiern, das finden die meisten von uns deshalb nicht ganz so prickelnd. So sagen viele von uns zu oft ja, obwohl sie eigentlich nein meinen, und verneinen dabei viel zu häufig ihre eigenen Bedürfnisse. So hast gewiss auch du schon einmal kurz vor Mitternacht in deiner Küche gestanden und einen Schokoladenkuchen für eine gute Freundin gebacken. Weil sie dich darum für ihre Party gebeten hat oder du es ihr sogar selbst vorgeschlagen hast. Nur, dass sich dadurch deine bereits viel zu lange To-do-Liste um einen weiteren Punkt erweiterte und du deine Mittagspause missbrauchtest, um die noch fehlenden Zutaten zu besorgen. Und während du genervt und hungrig bei Edeka in der Schlange standest, fielen dir dutzende Ausreden dafür ein, ihn nicht mehr backen zu müssen. Doch hauptsächlich bereutest du es, überhaupt ja gesagt oder es angeboten zu haben. Und so backtest du als zusätzliche Highlights Frust und negative Energie in deinen Kuchen hinein. Lecker!

Tja, und das alles nur aus Angst vor den Konsequenzen. Denn einer guten Freundin einen Gefallen abzuschlagen, das könnte ja bedeuten, dass sie uns auch irgendwann nicht helfen wird oder dass sie das Gefühl bekommt, unwichtig für uns zu sein. Doch gestresste Pausen und unendliche To-do-Listen können nicht die einzige Lösung sein. Das wäre ja furchtbar. Darum hier für die nächste Situation, in der dich jemand wieder um etwas bittet und du versucht bist, vorschnell ja zu sagen, Bauchtipp Nr. 2.

♡ **Bauchtipp 2: Erst mal kurz innehalten**

Sich Zeit zu lassen, nicht gleich zu antworten, auf sein Bauchgefühl zu achten und, wenn es sich nicht rund anfühlt, auch mal nein zu sagen und ehrlich seine eigene Unvollkommenheit zuzugeben, das ist meistens so viel sympathischer. Das könnte dann in etwa so klingen: »Du, diese Woche packe ich das leider nicht, ich kaufe einfach eine leckere Torte und bringe die mit.« Es muss ja nicht immer etwas Selbstgemachtes sein. Und wenn man nicht bis spät in die Nacht backen muss, kann man ja auch länger bleiben und vielleicht sogar beim Aufräumen helfen. Wir müssen uns vor niemandem rechtfertigen und erst recht keinen um Erlaubnis bitten, gut für uns selbst zu sorgen. Es ist unser Leben und deshalb sollten wir uns nach der wichtigsten Person richten, die es für uns auf der Welt gibt: uns selbst. Und verursacht unser aufrichtiges Nein dicke Luft oder stößt auf Unverständnis, ist das Geld für eine Torte viel zu schade für die Party und du erst recht!

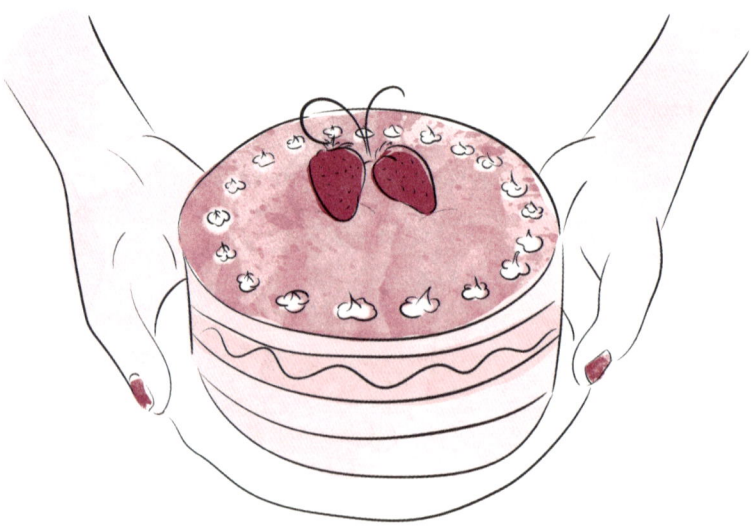

Tja, unsere eigene imaginäre Handtasche, in der wir die Themen unseres Lebens so umherschleppen, ist um einiges leichter, nachdem wir das ein oder andere Ja aussortiert haben. Wie, du dachtest, das sei es jetzt gewesen? Pustekuchen! Es gibt noch weitere Situationen, in denen wir nein zu uns sagen und die uns übel auf den Magen schlagen können. Hier kommen meine Top vier:

Top 1 – sich selbst wegdiskutieren Diese tolle Bezeichnung, »sich wegdiskutieren«, habe ich aus dem inspirierenden Buch von Ina Rudolph »Ich will mich ja selbst lieben, aber muss ich mich dafür ändern?« mitgehen lassen. Sie beschreibt Situationen, für die ich lange keine passende Beschreibung gefunden habe. Situationen, in denen man sein Bauchgefühl durch unterschiedliche Argumente auszustechen versucht. Zum Beispiel: Eine Freundin, die ihr lange nicht mehr gesehen habt, ist spontan bei euch in der Nähe und fragt per SMS, ob ihr euch heute Abend sehen könnt. An sich hattest du dich darauf eingerichtet und gefreut, heute mal in Ruhe deine Wohnung zu putzen und während des Bügelns zu netflixen, denn das entspannt dich so schön. Doch nachdem du ihre Nachricht gelesen hast, bekommst du nur allein bei dem Gedanken, ihr abzusagen, ein schlechtes Gewissen. Sie kann ja schließlich nichts dafür, dass du so mit deinem Haushalt hinterher bist, und wenn sie schon mal da ist, müsst ihr doch die gemeinsame Zeit nutzen. Und so findest du immer mehr Argumente gegen dich, bis du dich selbst irgendwann komplett wegdiskutiert hast. Dabei kann ein gemütlicher Putz-Netflix-Abend genauso wichtig für dich sein wie ein toller Abend mit deiner Freundin. Du bist auch noch ein toller Mensch, wenn du absagst. Und wirklich: Es ist dein Leben, du musst dich nicht rechtfertigen. Also, statt das nächste Mal Gründe gegen dich zu finden, wäre es doch mal eine erfrischende Abwechslung, welche für dich ins Feld zu führen und auf deine Bedürfnisse zu achten. Probiere es aus, was hast du schon zu verlieren?

Top 2 – »Ich bin nicht kompliziert« Immer wieder werden Frauen in den Medien als schwach, empfindlich, zickig und kompliziert dargestellt. Da ist es kein Wunder, dass sie ziemlich viel dafür tun, um auf keinen Fall so zu wirken. Zum Beispiel, wenn frau verliebt ist: Sobald ich früher auf einen Typen stand, habe ich mich auf Biegen und Bre-

chen verstellt, damit mein Herzbube ja nicht schreiend vor mir weg-
läuft. Nur einmal konnte ich mein wahres Ich nicht zurückhalten und
habe einem Jungen 19 Anrufe auf seinem Handy hinterlassen, die von
ihm unbeantwortet blieben. Ja, 19 Mal! Und tatsächlich ist der Typ
weggelaufen.

Kennen wir nicht alle dieses Gefühl, etwas tun und sagen zu wollen,
es aber dann doch zu unterdrücken, damit er oder sie ja nicht denken
könnte, dass wir völlig durchgeknallt sind, und entsprechende Konsequenzen zieht?

Aber um Himmels willen, Gefühle sind eben
nicht immer nur »easy« und das Leben
kein dreiminütiges Musikvideo von Cro.

Tja, wenn dich deine Flamme nicht zurückruft, ist das ziemlich ungeil,
aber wenn dich dann deine Freundinnen anschließend für dein Verhalten und das, was passiert ist, auch noch fertigmachen, fühlst du
dich erst recht wie eine richtige Versagerin. »Bist du bescheuert?«,
»Ganz ehrlich, dann bist du auch selber schuld. Weißt du nicht, dass
du ihn ignorieren musst, damit er sich bei dir meldet?« Wie soll man
denn herausfinden, wer man ist, wenn man ständig etwas tut, um genau nicht wie man selbst zu wirken? Nun verstehe ich auch, warum
sich so viele Paare nach dem ersten Kennenlernjahr trennen: Nach
einem Jahr kannst du einfach nicht jeden »Furz« für dich behalten und
möchtest eben auch einfach mal nur du sein.

Glücklicherweise bin ich so ein lauter und bunter Vogel, dem unbe-
quemes Anpassen absolut nicht gut gelingt, vor allem nicht langfristig.
Obwohl das mit der Liebe nun etwas besser klappt, gibt es immer
noch Bereiche in meinem Leben, in denen ich unbedingt nicht kompliziert wirken möchte und deshalb viel zu oft zu Dingen ja sage, die mir
am Ende den doppelten Stress bereiten. Vor allem in meiner Anfangs-
zeit als selbstständige Tanzpädagogin habe ich aus Angst, Auftrag-

geberinnen oder Auftraggeber zu verlieren, ziemlich oft zu Budgets und Deadlines ja gesagt, die mehr als unverschämt waren. Ich habe Überstunden gemacht und oft privat noch Kostüme und Weiteres besorgt, um meinen Einsatz und meine Tüchtigkeit zu beweisen. Manchmal habe ich auch Choreografien und Shows erstellt, die mir nicht gefielen und an denen ich hätte länger arbeiten müssen, damit sie mir und meiner Kunst hätten gerecht werden können. Doch weil ich wusste, unter welchem Zeitdruck auch Veranstalter und Events stehen, habe ich mich eben angepasst. Mir war das in dem Moment alles lieber, als als »kompliziert« zu gelten. In solchen Momenten hilft auch dir: Bauchtipp Nr. 3.

♡ **Bauchtipp 3: Deine persönliche Backstage-Liste**

Früher habe ich immer nur mit dem Kopf geschüttelt, wenn ich hörte oder las, dass Stars sonderbare Backstage-Listen haben, auf denen steht, was sie für ihre Show benötigen, um sich rundum wohlzufühlen und ihre Leistungen abrufen zu können. Mariah Carey gehört anscheinend zu den größten Diven. In ihrer Hotel-Suite durfte kein Neonlicht strahlen, sondern jeder Raum sollte mit Kerzenschein ausgestattet sein, da dieser ihren weiblichen Kurven mehr schmeichelte. Heute bewundere ich die Stars wegen ihrer Listen. Weil sie wissen, was sie brauchen oder haben wollen, damit es ihnen gutgeht. Davon habe ich mich inspirieren lassen und meine eigene »Backstage-Liste« geschrieben, die ich immer mal wieder je nach veränderten Bedürfnissen abändere. Mir ist dann wichtig, keine Abstriche zu machen und nicht zu beachten, was andere über mich denken könnten – egal, dann bin ich für die eben »kompliziert«. Für mich zählt dann nur, was ich für mein Wohlgefühl brauche. Allein so zu denken, befreit und erweckt eine noch größere Lebenskünstlerin und -liebhaberin in dir. Was muss auf deiner Liste stehen, damit du deine Qualitäten optimal ausleben kannst?

Top 3 – faule Kompromisse Wir alle sind irgendwie harmoniebedürftig. Eine positive Grundstimmung auf Arbeit, privat unter Freundinnen und Freunden sowie in der eigenen Beziehung ist angenehmer als eine schlechte. Um diese nicht aufs Spiel zu setzen, sprechen wir manche Dinge einfach nicht aus, sondern schlucken sie hinunter. Und so sitzen alle unsere unterdrückten Gedanken und Gefühle in unserem Bauch und hämmern kräftig gegen die Bauchdecke. Du ahnst es schon, warum: Sie haben absolut keinen Bock darauf, gefangen zu sein und unter den Tisch gekehrt zu werden. Zwar vertrösten wir die Rabauken in unserer Verdauungskammer mit Glaubenssätzen wie »Man muss auch mal Kompromisse machen«, aber das sind nüchtern betrachtet nur faule Ausreden für unser selbstschädigendes Verhalten. Was würde wohl mit unseren Bauchschmerzen, Kopfschmerzen und schlaflosen Nächten geschehen, wenn wir beim nächsten Mal unseren Gefühle und Bedürfnissen mehr Aufmerksamkeit schenkten? Lassen wir es doch bei der nächsten Auseinandersetzung einmal darauf ankommen und sprechen offen über das, was wir brauchen, denken und fühlen. Langfristig profitieren private wie berufliche Beziehungen von dieser Ehrlichkeit und Transparenz. Etwa zu wissen, welche Gedanken unsere Mitmenschen wirklich quälen, würde uns helfen, sie und ihr Verhalten besser zu verstehen.

Auch wenn es in manchen Situationen schwer zu glauben ist, wollen wir am Ende doch immer nur das Beste füreinander, dass alle zufrieden und bestenfalls sogar glücklich sind, auch wenn es dadurch ab und an mal unbequem für den einen oder anderen wird. Aber was ist mit uns selbst? Haben wir für uns denselben Anspruch? Wenn nicht, dann sollten wir erst einmal vor der eigenen Haustüre kehren und uns um die wichtigste Harmonie überhaupt kümmern, die Harmonie in uns selbst. Das ist sicherlich eine der schwierigsten Aufgaben im Leben überhaupt.

Wir alle kennen diese Tage, an denen wir unser Bett nicht verlassen wollen und erst recht keine Lust haben, zu arbeiten. Und wir kennen auch die Situationen, in denen wir etwas anderes sagen, als wir tatsächlich meinen. Ich rede von den unangenehmen Momenten, in denen man ganz genau spürt, dass man gerade nicht die Wahrheit sagt.

Zum Beispiel wenn man seiner besten Freundin nicht ehrlich gesteht, dass ihr aktueller Typ einfach nur scheiße ist, weil man Angst hat, dass dies ihr das Herz brechen könnte, oder auch weil es wesentlich angenehmer ist, der Person, die uns gegenübersitzt, genau das zu sagen, was sie hören will.

Glück ist, wenn das, was du denkst,
du sagst und du tust, in Harmonie ist.[7]

Mahatma Gandhi

Gandhis Lebensleitsatz ist gewiss eine der größten Herausforderungen überhaupt, aber zugleich auch eine gute Hilfe, dein Dasein und dein Handeln zu überprüfen. Ständig sich selbst zu widersprechen, Sachen zu tun, die wir eigentlich nicht wollen, oder Dinge zu sagen, die wir so nicht gemeint haben, kostet uns viel zu viel Kraft. Es ist ein Nein zu uns und unserem Leben.

Top 4 – versteckte Neins in unserer Sprache Unsere Formulierungen und unsere Sprache zeigen uns andauernd, wie viele versteckte kleine Neins wir in unserem Alltag etabliert haben. Zähle doch einfach einmal, wie viele »Eigentlichs«, »Eventuells«, »Vielleichts« usw. du täglich verwendest. Diese Verlegenheitswörter werden besonders oft von Frauen gebraucht, denn sie befürchten, dass absolute Aussagen, wie etwa »Nein, so geht das nicht, wir müssen etwas ändern!«, nicht so nett klingen oder andere verärgern. Deshalb sagen sie lieber: »Vielleicht sollten wir etwas ändern.« Doch wenn du etwas zu sagen hast und es dir wichtig ist, dann solltest du keine Energie dafür vergeuden, erst einmal zu überlegen, ob du sympathisch wirkst, wenn du dich äußerst. Was zählt, ist, dass deine Botschaft beim Empfänger ankommt, und zwar so, wie du sie gemeint hast. Dabei darfst du ruhig einmal auf den Tisch hauen, überzeugend klingen und dich stark zeigen und musst nicht, nur weil du eine Frau bist, immer ansprechend oder lieb wirken. Sicher verschrecken wir damit erst einmal einige, die das so nicht gewohnt sind, darunter auch die, welche immer darauf bedacht sind, freundlich zu wirken. Doch dann wird es eben Zeit, sich umzugewöhnen! Wir müssen aufhören, immer alles »gut hinbekommen« und es immer allen recht machen zu wollen. Sparen wir uns das falsche Getue und setzen wir unsere Energie lieber für die Ziele ein, die wir erreichen wollen.

Es ist völlig okay und gesund, anzuecken, sonst werden wir bloß wie ein Ball durch die Gegend gerollt. Und dabei verliert man nicht nur schnell die Orientierung, sondern dabei wird einem auch noch ganz übel. Um dies zu vermeiden, ist es am besten, wenn du laut und kräftig »Ja!« zu dir und deinen Bedürfnissen sagst.

Mit Unsicherheit leben können

Das Lebensthema »Sicherheit« begegnete mir bereits im Kindergarten. »Mutter-Vater-Kind-Spielen« mochte ich als kleines Mädchen nicht wirklich, also stellte ich mich lieber auf den Hof, um zu singen und zu tanzen, und suchte mir andere Kinder, die mitmachen wollten. Sie durften das aber nur, wenn sie zuvor einen Vertrag unterkritzelten, der mir zusicherte, dass sie auch so lange mit mir an meiner Show probten, bis diese in meinen Augen vorführungsreif war. Ich wollte einfach die Sicherheit haben, dass all meine Mühe nicht umsonst war. Dennoch hielten sich die meisten Kinder nicht daran. Sie wollten zwar alle gern Applaus und Lob von unseren Erzieherinnen und Erziehern einkassieren, aber am liebsten, ohne viel Zeit dafür investieren zu müssen (Amateure!). Das Geheule war natürlich immer wieder aufs Neue groß, als mir meine Lieblingserzieherin Britta erklärte, dass solch ein Vertrag nicht wirksam sei. Es gebe keine Garantie dafür, dass jemand den ganzen Nachmittag mit mir spielen möchte. Tja, da machte ich mit schniefender Nase auf dem Schoß meiner Lieblingserzieherin meine erste und eine meiner wichtigsten Lebenserfahrungen: Sicherheit hat man nie, Sandra!

Nun, ein paar Jahre später bin ich immer noch ab und an auf der Suche nach der Gewissheit, dass etwas wirklich sicher ist: sei es der Job, die Beziehung oder dass ich gesund bin. Doch das ganze Leben ist stets in

Bewegung, und solange wir dies nicht akzeptieren, werden wir durch die kleinste Veränderung im Außen verunsichert. Ich weiß, wir alle haben irgendeine schöne Happy-End-Vorstellung in unseren Köpfen. Das ist meist eine Vision, in der alles unter Dach und Fach ist, wie die vom Heiraten, Kinderkriegen und Hausbauen. Eine Vision, in der man angeblich endlich angekommen ist und es kein Risiko mehr gibt, verletzt oder enttäuscht zu werden. Doch ein endgültiges Happy End, wie es uns Hollywood verkaufen will, gibt es im echten Leben nicht, aber dafür erfreulicherweise viele kleine unterschiedliche.

Die Chance auf Neuanfang und viele Happy-Ends Ich kann verstehen, dass es für manche erst einmal demotivierend klingt, dass nichts von Dauer ist. Doch ohne das Risiko, wieder neu anfangen zu müssen, gibt es auch nicht die Möglichkeit, wieder von vorne zu beginnen. Nehmen wir doch gleich mal das klischeehafte Beispiel, du wärest unglücklich verheiratet. Vermutlich habt ihr euch am Anfang eurer Beziehung fürchterlich geliebt und euch während eurer langen Ehe einfach auseinandergelebt und in andere Richtungen entwickelt. Nach einer gescheiterten Paartherapie bist du so mutig und fasst den Entschluss, dich scheiden zu lassen. Du weißt, dass nun eine schwere Zeit auf dich zukommt, in der du deinen Partner und deine Kinder sehr traurig machen wirst. Doch der einzige Gedanke, der dir Kraft gibt, das durchzustehen, ist die Chance, nochmals von vorne zu beginnen, ein neues Kapitel in deinem Leben anzufangen und dich vielleicht sogar eines Tages wieder neu zu verlieben. Und es kann sein, dass bei deinem Partner derselbe Gedanke, nochmals neu beginnen zu müssen, völlig gegenteilige Gefühle hervorruft.

Doch genauso ist es mit Veränderungen. Wenn es uns nicht gutgeht und wir auf der Stelle treten, wünschen wir uns nichts sehnlicher, als dass sich etwas ändert. Aber wenn wir mit allem zufrieden sind, wollen wir am liebsten das Glück und die Situation, wie sie ist, festhalten. Vor dem Wandel des Lebens können und sollten wir uns jedoch nicht schützen. Alles im Leben hat seine Zeit und für die sollten wir dankbar sein. Wenn wir im Jetzt leben, kosten wir jede Minute aus. Zwanghaft etwas festhalten zu wollen, macht hingegen krank. Deshalb sollten wir aufhören, die Sicherheit in unseren Happy Ends zu suchen, uns gegen Veränderungen zu wehren, die dem Wandel des Lebens entsprechen, und dafür lieber die vielen kleine Happy Ends in unserem Leben wertzuschätzen. Oder hast du schon mal einen Baum gesehen, der daran verzweifelt ist, dass er im Herbst seine Blätter verliert? Siehst du, er vertraut Mutter Erde und sich selbst, dass im Frühjahr neue Blätter kommen werden. Erst wenn wir es hinbekommen, eine ähnliche Zuversicht in uns selbst zu schaffen und uns dem Fluss des Lebens anzuvertrauen, machen wir uns nicht mehr abhängig von irgendwelchen äußeren Sicherheiten, die es gar nicht gibt.

Wenn wir an uns arbeiten, unser Selbst stärken, uns von äußeren Sicherheiten unabhängig machen und die Wandelbarkeit des Lebens als Chance begreifen, können wir flexibler unser Leben gestalten und haben die Möglichkeit, unseren Weg immer mal wieder zu korrigieren.

Wenn der Putzteufel kommt – oder die Sehnsucht nach Struktur Viele Menschen fühlen sich angesichts von Stress, vieler Probleme oder wegen des Überangebots an Optionen in ihrem Leben überfordert, was oft ein geradezu zwanghaftes Bedürfnis nach Struktur und Ordnung auslöst. An den Knackpunkten selbst etwas zu verändern, da fehlt es meist noch an Mut und Initiative. Einfacher ist es, den Unmut an der unordentlichen und dreckigen Wohnung auszulassen. Dahinter steckt sicher die gute Absicht, die innere Unruhe und Unordnung in den eigenen Gedanken durch Saubermachen und Aufräumen der Wohnung zum Schweigen zu bringen. Achte einmal auf deine Stimmung, wenn dich das nächste Mal der Putzteufel packt. Denn die eigene Ohnmacht wird durch die Reinemachaktion nur kurzzeitig weggeputzt und die nächste Situation, die dich wieder mit deinem Frust konfrontiert, wartet schon darauf, dich daran zu erinnern, dass dein Problem noch nicht geklärt ist. Also kümmere dich lieber direkt um das, was brennt, und gib dich nicht mit dem Putzteufel zufrieden, der dein Problem sowieso nicht wegzaubern kann. Wie du deinen Fokus auf die wesentlichen Dinge in deinem Leben richtest, verrät dir Bauchtipp Nr. 4.

 Bauchtipp 4: Oberste Priorität hast du und was dir wichtig ist

Vielleicht hast du schon Blöcke oder Listen mit deinen Prioritäten. Dann hole sie hervor und korrigiere sie, wie es sich für dich und deinen Bauch richtig anfühlt. Achte bei deiner Prioritätenliste darauf, das mindestens ein Punkt, der ziemlich weit oben steht – wenn nicht der erste – dir und dem Befriedigen deiner Bedürfnisse gilt. Wir alle kommen nicht darum herum, uns zu fragen, ob wir ein Leben haben wollen, in dem wir unsere Themen weiter mit uns herumschleppen und den Herausforderungen, die sich uns stellen, weiter aus dem Weg gehen wollen, oder ein außergewöhnliches; für beides fehlt uns meistens die Zeit. Ich habe mich für Option zwei entschieden. Und so rocke ich, wie schon damals im Kindergarten, meine Show und mein Leben und gehe, das an, was für mich wichtig ist.

Was sagt Silke dazu?

Wir halten uns für zivilisiert, sind demokratisch erzogen, wachsen in einem der fortschrittlichsten Länder auf und lernen zudem alles Mögliche, nur nicht, wie man Selbstliebe und Selbstvertrauen aufbaut und erhält.

Schon als Kinder sind viele von uns mit dem Gefühl groß geworden, nicht richtig zu sein, denn die meisten Erwachsenen haben sicher versucht, uns nahezubringen, wie wir zu funktionieren haben. Unsere Bezugspersonen haben uns beobachtet, korrigiert und uns von der Erziehung her in bestimmte Bahnen gelenkt (»Mach dies nicht, mach jenes nicht«, »Pass auf, fall nicht runter« usw.) – was uns suggerierte, dass wir nur folgen und nicht für uns verantwortlich sein müssten.

Selbstvertrauen wird aber aufgebaut, indem wir für uns selbst und das, was wir tun, Verantwortung übernehmen. Kinder brauchen ab und an die schützende Hand der Eltern, ihre Fürsorge und manchmal auch Anleitung, aber vor allem benötigen sie die Freiheit, sich selbst ausprobieren und eigene Erfahrungen zu machen. Das Zutrauen der Erwachsenen, dass sie etwas aus eigenem Antrieb (lernen) und für etwas verantwortlich sein können, ist für die Entwicklung eines gesunden Selbstbewusstseins essenziell.

Werdenden Eltern empfehle ich häufig das Buch von Jean Liedloff »Auf der Suche nach dem verlorenen Glück«. Die Autorin lebte einige Jahre mit einem Stamm von American Natives im Regenwald und erforschte, wie dort die Mütter ihren Kindern natürlichen Freiraum lassen, damit diese zum Teil (überlebens-)wichtige Erfahrungen machen und ihr Selbstvertrauen stärken können.

Leider lassen viele Kinder auch heute noch einen Teil ihres Selbstbewusstseins (ich meine damit: »Ich bin mir meiner bewusst und glücklich mit mir«) auf dem Spielplatz oder in der Kita, bei manchen wird ein weiterer Teil durch den Leistungsdruck in der Schule zerstört. Im Glauben, dass wir lernen müssen, jemand (Bestimmtes) zu sein (der von außen vorgegeben wird), versuchen wir, uns anzupassen, unseren Eltern sowie Lehrerinnen und Lehrern zu gefallen, und vergessen, dass wir bereits jemand sind. Dabei streben wir zunehmend nach immer mehr im Außen, um dem Außen zu gefallen und so zu werden, wie andere uns haben wollen. Doch haben wir alles zur Entwicklung unseres Selbst bereits in uns! Für diejenigen von uns, denen in der Kindheit viel an Selbstbewusstsein genommen wurde (wie oft auch ihren Eltern und Großeltern), heißt dies nicht, nichts daran ändern zu können. Im Gegenteil, auch hierfür gilt: Alle Ressourcen für eine Veränderung sind in uns bereits vorhanden. Du bist der Schöpfer deiner Realität, du kannst in jeder Sekunde deines Lebens die Richtung ändern.

Willst du DEIN Leben leben und lieben oder das, was andere meinen, welches Leben du leben müsstest. Willst du DU sein oder eine Kopie von XY? Alles liegt in deiner Hand.

Loslassen

Vor einigen Jahren machte meine Freundin Sophie bei mir in der Tanzschule ein Praktikum. Sie half mir, eines meiner größten Schultanz-
projekte umzusetzen, und zum Abschluss ihres Praktikums belohnten
wir uns mit einem kurzen Trip zum Lago Maggiore (Italien). Da das
Projekt all meine Ersparnisse aufgefuttert hatte, schliefen wir in meinem kleinen grünen Nissan Micra. Bei Regen verkrochen wir uns ins
Auto und machten es uns mit billigem Wein gemütlich. Auf so wenigen Quadratmetern wird es ziemlich kuschelig, aber nicht so, wie du
es dir jetzt vielleicht denkst, dennoch bekommt man vom Gegenüber
mehr mit, wenn die eigene Kiste zum Hotelzimmer wird. Und so ent-
deckte ich eines Tages, dass Sophie unterhalb der Brust an der Seite
ein außergewöhnliches Tattoo hat, ein rundliches Motiv, das mit den
griechischen Wörtern »Panta Rhei« (»Alles fließt«) umspielt war. Die
Redewendung begegnete mir damals zum ersten Mal. Ich muss geste-
hen, als junge Hiphop-Tänzerin, die die Welt verändern wollte, konnte
ich zu Beginn nichts damit anfangen. Für mich war immer klar: Wer
hart arbeitet, wird auch eines Tages dafür belohnt werden. Und solange du ein Ziel nicht erreicht hast, bleibt dir nur, bis zum Umfallen zu
ackern. Was für eine anstrengende und kraftraubende Denkweise!
Denn vielleicht hätte einmal innezuhalten auch die Erkenntnis gebracht, dass das gar nicht mehr das ist, was man will, oder die Perspektive auf neue Wege eröffnet, auf denen man das Ziel hätte leichter
erreichen können. Das Leben hat so viele Möglichkeiten zu bieten. Nur
wenn man krampfhaft an etwas festhält, sieht man oft den Wald vor
lauter Bäumen nicht.

Vom »Flow« und Kreislauf des Lebens Hätte ich mich schon früher mit
dem »Flow« des Lebens beschäftigt, mich dem Wandel des Lebens an-
vertraut und wäre flexibler gewesen, dann hätte ich mir oft viel Mühe
ersparen können. Ziemlich lange habe ich an Dingen und Gedanken
festgehalten, die mir keine Freude bereiteten, nur weil ich Angst vor
dem Loslassen hatte. Dadurch blockieren wir uns jedoch nur selbst
und lassen nicht zu, in den Fluss zu kommen. Wir schaden uns sogar
regelrecht damit, denn das Prinzip des Lebendigen ist ja, wie wir bereits wissen, stete Veränderung und die verlangt, flexibel zu sein, in

Bewegung zu bleiben und sich immer neuen Gegebenheiten anzupassen. Das Leben ist ein Kreislauf von stetem Werden, Leben und Vergehen. Man wird geboren, wächst, wird groß, erwachsen, lernt sich kennen, wird älter, schrumpft und verabschiedet sich wieder, stirbt und legt seinen Körper ab. Und wenn etwas stirbt, wird Raum frei für etwas Neues. Mutter Erde lebt uns dieses Phänomen laufend vor. Im Herbst verlieren die Bäume ihre Blätter, im Winter ist Ruhezeit, aber im Frühjahr sprießen neue und kommen im Sommer zur vollen Blüte. Dieses Prinzip gilt auch für unser Leben und im Kleinen für all unsere Lebensbereiche.

Vertrauen ins Leben – Raum für neue Energie Im Loslassen bin ich sicherlich nicht die Beste, ich gebe nicht einmal gerne meinen Lieblingspulli her, nachdem er mir offensichtlich zu klein geworden ist. Doch eins habe ich verstanden: Wer loslässt, hat wieder zwei freie Hände, mit denen sich hervorragend ein neuer Pulli shoppen lässt. Und so hinterfrage ich nun viel öfters, was mein spannendes Leben blockiert oder »vollstopft« und an welchen Gedanken, Menschen und Dingen ich festhalte, obwohl sie mir nicht guttun. Dabei hilft mir ein Gleichnis, das ich vor einigen Jahren in einem buddhistischen Buch entdeckt habe: Da wurde das Leben mit einer Reise verglichen, die du per Floß zurücklegst. Es geht von einer Insel zur nächsten. Und wenn es dir irgendwo besonders gut gefällt, bleibst du einfach länger. Auf der Insel schleppst du das Floß, mit dem du angereist bist, aber nicht die ganze Zeit mit, dann hättest du ja gar nicht mehr genügend Kraft, um die Insel zu erkunden. Also lässt du es einfach zurück, in der Zuversicht, dass du dir zu gegebener Zeit ein neues zusammenbauen können wirst, um zu deinem nächsten Ziel deiner Reise zu gelangen.

> *Die Lehre gleicht einem Floß, das man benutzt,*
> *um über einen Fluss ans andere Ufer überzusetzen,*
> *das man aber zurücklässt und nicht mehr mit sich*
> *herumschleppt, wenn es seinen Zweck erfüllt hat.*[8]
>
> *Buddha*

Seit ich mich von diesem Gleichnis inspirieren lasse, fühle ich mich leichter und kann besser loslassen. An dieser Stelle kommen nun gleich zwei Bauchtipps für dich:

 Bauchtipp 5: Lasse etwas in deinem Leben los
Schaffe Raum für etwas Neues oder für mehr Zeit für dich. Trenne dich beispielsweise von einem negativen Gedanken, einer Sache in deiner Wohnung oder einem Termin in deinem Kalender. Durch das Loslassen-Üben habe ich ein tieferes Vertrauen in den Lauf des Lebens bekommen. Wenn es mit dem Traumjob oder der Wunschwohnung nicht geklappt hat, ärgere ich mich nicht mehr so sehr darüber, sondern kann mich nun viel besser damit trösten, dass ich nie weiß, wofür das am Ende gut sein kann, weil dafür ja etwas Neues kommt. Dinge einfach anzunehmen, wie sie sind, nicht zwanghaft das Leben zu bremsen oder Entwicklungen stoppen zu wollen, Vertrauen in das Leben zu haben, bringt dir mehr Raum und Kraft für dich selbst. Gibt es etwas, was du loslassen willst? Ein negatives Gefühl? Einen kraftraubenden Gedanken? Oder findest du seit Langem schon nichts mehr in deinem Kleiderschrank wieder und hier ist mal Ausmisten angesagt? Nimm dir doch heute oder die nächsten Tage mindestens einmal eine halbe Stunde Zeit, um darüber in Ruhe nachzudenken und vielleicht auch schon in die Aktion zu gehen. Du wirst sehen, dass dadurch für dich neue Energie frei wird.

 Bauchtipp 6: Wende dich von Energieräubern ab
Wende dich stattdessen lieber dem zu, was dir Kraft spendet: Hast du schon einmal überprüft, welche Dinge oder auch Personen dir Kraft schenken und welche sie dir rauben? Letztere sollte man besser loslassen und durch solche ersetzen, die Energie spenden. Wie wäre es, wenn du dir einmal Gedanken über dein ganz eigenes Kraftfeld machtest? Fertige zwei Listen an, die »Energieschluck-Liste« und die »Kraftquellen-Liste«, und sammele, was dir so in den Kopf kommt.

Was tut dir gut? Wo tankst du auf? Was inspiriert dich? Bei mir sind es etwa anregende Gespräche mit Freundinnen und Freunden, inspirierende Bücher und Filme sowie Saunabesuche. Vielleicht sind es bei dir aber auch Auszeiten in der Natur, Reisen oder sportliche Aktivitäten, die dir neue Kraft geben. Die Kraftquellen-Liste kannst du stetig verlängern. Auf der Energieschluck-Liste trägst du ein, was dir alles Energie raubt. Das sind vielleicht Menschen in deinem Umfeld, die von dir immer nur etwas haben wollen, aber nie bereit sind, selbst etwas zu geben. Oder vielleicht ist da auch ein Hobby, das dir keinen Spaß mehr macht, oder ein Job, der dir kaum mehr etwas gibt und bei dem du zudem kaum Geld verdienst. Notiere das auf der Liste und miste aus. Wenn du einen Energieräuber in deinem Leben eliminiert hast, streiche ihn durch. Du wirst sehen, wie viel Energie du einsparst und wie viel Raum für Neues frei wird.

Mitgefühl für dich selbst

Selbstliebe und ein positives Gefühl zu seinem Körper zu entwickeln ist derzeit stark im Trend. Kein Wunder, dass sich Wirtschaft und Marketing »Wohltuendes für Körper und Seele« auf die Fahnen geschrieben haben und mit der Psyche der Menschen ihr Geschäft machen wollen. Selbstliebe und *Body-Positivity* fangen aber beim Mitgefühl an, das du für dich selbst entwickelst, und entstehen nicht durch Konsum von irgendwelchen Seelentröstern, die uns Medien und Werbung andrehen wollen. Sie machen uns nur kurzfristig glücklich und leeren unsere Geldbörsen. Selbstliebe, die du einmal für dich entwickelt hast, ist viel nachhaltiger. Und wenn du es richtig angehst, bleibt sie für immer. Dich selbst anzunehmen und ein Mitgefühl für dich selbst und deine Bedürfnisse zu entwickeln sind übrigens die besten Voraussetzungen dafür, dass sich die Selbstliebe bestmöglich in dir entfalten kann.

Wo bleibst du, wenn du dich für Anerkennung nur abrackerst? Ich hatte lange Zeit sehr wenig Mitgefühl für mich selbst und erst recht nicht für andere. Ich dachte, ich hätte meinen Platz im Berufsleben durchs Tanzen gefunden, denn ich bekam endlich die Aufmerksamkeit, nach der ich mich so lange gesehnt hatte. Um meinen Erfolg halten zu können, arbeitete ich jede Minute und bemerkte kaum, wie viel mir das eigentlich abverlangte. Irgendwann konnte ich kaum noch abschalten und schlief schlecht. Ich arbeitete ständig, kannte keine Pausen und wollte der Welt beweisen, dass ich das alles alleine schaffen könne. Die Arbeit wurde zu meiner größten Sucht. Ich kompensierte meine ganze Einsamkeit mit jedem weiteren Erfolg – und deckelte so die Bedürfnisse meiner Seele, meines Selbst. Es ging schleichend vor sich, aber irgendwann definierte ich mich nur noch über die Anerkennung und Beurteilung durch andere, wurde regelrecht davon abhängig und hatte zu mir selbst den Kontakt verloren. Ich hatte ausgeblendet, dass die wichtigste Anerkennung die ist, die man sich selbst schenkt. Was ich damals noch erst lernen musste ist, dass wir uns so lieben und annehmen dürfen, wie wir sind, ganz ohne etwas dafür leisten zu müssen.

Körpersignale – dein Körper zeigt dir, was er braucht Doch nicht nur bei meiner Arbeit machte sich mein mangelndes Mitgefühl für mich selbst bemerkbar, sondern auch in Bezug auf die Signale, die mir mein Körper sendete, beispielsweise während meiner Periode. Schon seit Jahren habe ich extreme Unterleibs- und Bauchschmerzen, während ich blute. Doch statt mich in dieser Zeit etwas zu schonen und liebevoll mit mir umzugehen, wollte ich mich auf gar keinen Fall von meiner Weiblichkeit schwächen oder bei dem, was ich alles vorhatte, bremsen lassen. Also warf ich mir eine Schmerztablette nach der anderen ein und trieb mich selbst zu noch mehr Höchstleistung an. Tja, das Ende vom Lied war, dass ich eines Tages mit einer Bauchschleimhautentzündung im Krankenhaus lag. Ich hatte mir durch den jahrelangen Tablettenkonsum meinen Magen vergiftet. Eine solche Entzündung ist alles andere als ein kleines Bäuerchen, dir ist tagelang schlecht und dein Magen verträgt in dem Zustand so gut wie gar kein Essen mehr. Das ist nicht gerade erstrebenswert.

Nachdem es mir etwas besser ging und ich einigermaßen wieder auf dem Damm war, stand ich vor der großen beängstigenden Frage: Wie soll ich nur meine nächste Periode ohne Schmerztabletten überleben?

Ich entschloss mich kurzerhand dazu, in dieser Zeit mitfühlender mit mir selbst zu sein. Statt mich wie sonst nicht von meinem eigenen Körperschmerz unterkriegen lassen zu wollen und meine Körpersignale mit Tabletten zu unterdrücken, hörte ich auf sie und nahm mir ganz bewusst eine Auszeit und sorgte für mich. Endlich traute ich mich, Verabredungen und Termine abzusagen und mir die Zeit für die Ruhe und Entspannung zu nehmen, die ich brauchte.

Seitdem verwöhne ich meinen Körper während meiner Menstruation, soweit das möglich ist, mit heißen Wannenbädern, Meditation und ausgewählten Mahlzeiten (Vitamin B$_6$ wirkt Heißhunger, Erschöpfung, Stimmungsschwankungen, Wasseransammlungen und Aufgeblähtheit im Vorfeld der Menstruation entgegen, es ist in Fisch, Nüssen, Eiern, Bananen, Kartoffeln sowie in Puten- und Geflügelfleisch enthalten) und versuche so, erst gar nicht mehr gegen den Schmerz und gegen mich selbst anzukämpfen, sondern stattdessen, mich zu entspannen. Natürlich musste ich mich zu Beginn dazu zwingen, andere Verhaltensweisen und eine neue Sicht auf meine Körpersignale zu entwickeln. Doch heute bin ich meinem Körper sehr dankbar dafür, dass er mich monatlich einmal dazu bringt, für mich selbst Zeit und Raum zum Ausspannen zu nehmen. Klar habe ich noch Schmerzen, aber die sind durch die positive Umdeutung und mein Selbstmitgefühl ein ganzes Stück erträglicher geworden.

Rede mit deiner inneren Kritikerin Tacheles In jedem von uns gibt es diese Stimme, die uns von Zeit zu Zeit bevormundet, sagt, was wir wieder schlecht und falsch gemacht haben, die uns zu Höchstleistungen antreibt und uns im Endeffekt von uns selbst entfernt. Ich stelle sie mir als Person vor, die aussieht wie eine Mischung aus meiner Mutter und einer sehr stark geschminkten Frau, die ausschaut wie ich. Sie ist zu dünn und hat eine viel zu streng gebundene Frisur. Immer ist sie mies drauf und verlangt ständig, dass ich Überstunden schiebe, meine Zeit nicht für unwichtige Dinge wie Pausen, Essen oder Dinge, die mir guttun, vergeude. Dazu versäumt sie keine Gelegenheit, mir ins Ohr zu flüstern, was für eine schreckliche Versagerin ich sei. Sie notiert sich jeden Fehler und wirft mir diese immer wieder vor. Zusätzlich wirkt mein Leben aus ihrer Sicht wie eine große Baustelle mit unendlich vielen Problemen. Nicht gerade aufbauend …

Ihr ein Gesicht und einen Namen zu geben, hat mir geholfen, ihr die Macht über mich zu nehmen. Ich schenke ihr einfach nicht mehr so viel Raum für ihr destruktives Verhalten. Eine ziemlich lange Zeit in meinem Leben wusste ich nicht einmal, dass sie existiert, dabei macht sie mir schon eine halbe Ewigkeit das Leben schwer. Ziemlich unausstehlich war diese »Claudia« – so habe ich dieses Miststück getauft – vor allem, wenn mir kleine Missgeschicke passierten, zum Beispiel wenn ich bei einem Treffen mit Freundinnen wieder einmal viel zu viel über mich selbst geredet habe. Und wenn es um das Thema Erfolg im Beruf ging, wurde es noch schlimmer, da bekam Claudia zusätzliche Unterstützung von ihrer nervigen kleinen Schwester Melanie, die immer auf alles und jeden neidisch ist und stets nur wahrnimmt, dass die anderen besser sind. Gemeinsam trieben sie mich jahrelang zu Höchstleistungen an und weckten in mir das Gefühl, dass ich nie ruhen kann, ständig aufpassen muss, um für den schlimmen Konkurrenzkampf unter den Tanzschulen (und unter uns Frauen – in meiner Familie oder wo auch immer) gewappnet zu sein.

Nachdem ich die beiden Zicken einige Zeit beobachtet hatte, war mir klar, dass sie nie zufrieden wären, egal, was ich täte. Sie würden mich so lange weiter schikanieren, bis ich ihnen endlich Einhalt gebieten würde. Für Spaß und Freude im Beruf und Privatleben blieb nur noch wenig Platz bei all dem Stress, den sie verbreiteten. Das sollte anders werden! Also habe ich den beiden eine Ansage gemacht: »Ihr beiden Schnepfen jetzt haltet endlich mal eure Schnäbel und hört mir zu! Ich muss und kann gar nicht perfekt sein, ich darf ›Fehler‹ machen und ich brauche diese, um dazuzulernen. Ich muss auch nicht erst etwas leisten, um etwas wert zu sein. Etwas wert, das bin ich jetzt schon, allein dadurch, dass ich ICH bin. Außerdem läuft das Leben nicht immer zu hundert Prozent so, wie wir uns das vorstellen. Das wäre ja auch ziemlich eintönig! Findet euch damit ab und kommt darüber hinweg!« Seitdem kam Melanie nicht mehr zu Besuch und Claudia hält sich immer öfter zurück. Und hier wieder zwei Bauchtipps für dich:

Bauchtipp 7: Gib deiner inneren Kritikerin ein Gesicht

Wenn sich in dir wieder einmal deine überaus kritische Stimme meldet und dir Kraft raubt, nimm mit ihr Kontakt auf und versuche, sie dir bildlich vorzustellen. Wie sieht sie aus? Wie wirkt sie? Wie ist ihre Stimme? Vielleicht machst du dir auch dazu ein paar Notizen oder bannst sie mit einem Stift auf ein Blatt Papier? Fällt dir ein Name ein? Geh mit ihr ins Gespräch. Wenn dir das schwerfällt, kannst du ihr auch einen gepfefferten Brief schreiben oder erst mal notieren, was sie dir so an den Kopf knallt, um daraufhin mit ihr Tacheles zu reden.

Bauchtipp 8: Sei dir selbst eine gute Freundin

Seit ich mit Claudia Klartext geredet habe, versuche ich, mich weniger auf sie zu konzentrieren und mir selbst stattdessen viel öfter eine gute Freundin zu sein. In schwierigen Situationen frage ich mich: »Was würdest du einer guten Freundin raten, wenn sie an deiner Stelle jetzt wäre?« Ich höre also Sandra zu, nehme wahr, was für Bedürfnisse sie hat, zeige mich verständnisvoll und mitfühlend. Weil ich als gute Freundin von außen auf die Situation schaue und nicht direkt involviert bin, kann ich Sandra ein objektiveres Bild der Lage spiegeln, ihr gute Tipps geben, was sie vielleicht ändern kann, um mit Sorgen besser umzugehen oder Lösungen für ihre Probleme zu finden. Ich weiß, dass ich beide in mir habe, die überkritische, destruktive Claudia, aber eben auch die gute, fürsorgliche Freundin, die immer für mich da ist. Es liegt an mir, wem ich mehr Aufmerksamkeit schenke und stärker zu Wort kommen lasse. Und zum Schluss noch ein guter Rat: Verurteile dich nicht dafür, wenn deine »Claudia« mal wieder das Ruder übernommen hat, und dich davon abhalten will, auf deine seelischen, emotionalen oder körperlichen Bedürfnisse einzugehen. Das ist ganz natürlich, denn du warst ja jahrelang so programmiert, dass sie auftauchen musste. Es wird also eine Weile dauern, bis dein neues Ich den »Stellenwechsel« geschluckt hat. Begrüße deine innere

Kritikerin dann einfach und vielleicht schaffst du es ja, deine gute Freundin herbeizurufen, die ihr freundlich, aber bestimmt erklärt, warum sie fehl am Platze ist.

Wenn wir mit einem Mitgefühl für uns selbst auf die Welt blicken und jeden Kloß im Hals, jedes Bauchgrummeln erst einmal willkommen heißen und uns selbst eine gute Freundin sind, schaffen wir es vielleicht, dass die »Claudias« dieser Welt vorzeitig in Rente gehen.

Die drei wichtigen Komponenten des Selbstmitgefühls Die Psychologin Kerstin Neff hat sich als erste Wissenschaftlerin mit dem Thema Selbstmitgefühl beschäftigt. In ihrem Buch »Selbstmitgefühl« beschreibt sie die drei Komponenten der Selbstliebe. Dazu gehört (Komponente eins), zu sich selbst freundlich zu sein und sich, wenn das Leben einmal wieder anders verläuft als geplant, nicht zu verurteilen und zu kritisieren, sondern sich liebevoll und verständnisvoll zur Seite zu stehen.

Komponente zwei ist der Aspekt Menschlichkeit. Wenn du dir klarmachst, dass wir alle Menschen sind, die Fehler machen und Schwächen haben, wird es leichter, nicht zu hart über deine Unvollkommenheit zu urteilen. Das Leben besteht aus Höhen und Tiefen. Glaube mir, auch bei anderen laufen Dinge schief, selbst wenn es auf ihrem Instagram-Account nicht unbedingt so aussieht. Vielleicht ist eine Erfahrung erst einmal bitter, aber das Leben lehrt uns, dass wenn etwas nicht klappt, dann soll es vielleicht so sein, aus einem Grund, den wir erst später erkennen, oder wir können auch versuchen, anders ans Ziel zu kommen oder das Ziel zu ändern.

Lebenslang zu lernen ist etwas, was uns alle verbindet. Wenn wir uns also unserer Menschlichkeit bewusst werden, erinnern wir uns auch automatisch daran, dass wir alle Gefühle der Unzulänglichkeit besitzen, wie Enttäuschung oder Schmerz, auch das verbindet uns mit unseren Mitmenschen. Im Mitgefühl mit anderen trainieren wir so auch zugleich das Selbstmitgefühl.

Mit uns selbst, aber auch mit anderen mitzufühlen, dabei hilft uns Komponente drei: Achtsamkeit. Bewusste, nicht urteilende Aufmerksamkeit hilft dir, zu erkennen, was für »Probleme« andere haben oder du hast, oder sensibel dafür zu werden, dass sich deine »Claudia« wieder einmischt. Es ist die gute Freundin in dir, die dann auf den Plan tritt, und dich dabei unterstützt, auf dich und dein ganzheitliches Wohlbefinden zu achten.

Sich selbst besser kennenlernen

Für Achtsamkeit und deine gute Freundin schaffst du Raum, wenn du dir Zeit nur mit dir selbst nimmst: *Prime Time* nur für dich sozusagen, Zeit, um dich selbst besser kennenzulernen, zu erfahren, wer du wirklich bist und wohin du willst. Stelle dir einmal vor, dein Leben ist ein großer See. Ständig bewegt sich etwas in dir oder auf dir. Da sind die Fischer mit ihren kleinen Bötchen, die zum Angeln rausfahren, und die Fische, die unter ihnen versuchen, wegzuschwimmen, dazu die unterschiedlichen Wetterlagen, die ein erfolgreiches Angeln nicht unbedingt einfacher machen. Ständig ist was los, selten genießt du absolute Stille. Doch wenn dann dein See mal ganz ruhig geworden ist, siehst du im Wasser dein wahres Spiegelbild und du erkennst, was deine Bedürfnisse sind. Das hilft dir, eine gute Beziehung zu dir selbst aufzubauen. Also sorge doch erst einmal für etwas mehr Ruhe!

Die größte Tragödie ist, am Ende des Lebens festzustellen, dass wir die ganze Zeit geangelt haben, obwohl wir gar nicht auf Fisch aus waren.[9]

Henry David Thoreau

Dates mit dir selbst Um Ruhe zu finden, brauchst du Exklusiv-Zeit, nur für dich, in der du nicht tust, was du immer tust, in der du nicht funktionieren musst. Das heißt nicht, nichts zu tun, sondern das zu tun, wozu du immer schon einmal Lust hattest, oder gerade zu einem bestimmten Zeitpunkt das zu tun, wonach es dir beliebt. Gönne dir also Verabredungen mit dir selbst und trage dir ganz konkret diese Dates in deinen Kalender ein. Am Anfang reichen wöchentlich frei wählbare Termine, später kannst du dir mehrere feste Ich-Zeiten einplanen (das ist Schritt zwei) und irgendwann wirst du dir hoffentlich jeden Tag intensiver begegnen.

Nimm dir auf jeden Fall am Anfang nicht zu viel vor, man enttäuscht sich nur selbst, wenn man zu hohe Ansprüche an sich stellt und diesen nicht gerecht wird. Stress dich also nicht und lass dir Zeit. Außerdem ist am Anfang wichtig, dass du deine Verabredungen mit dir selbst nicht absagst, sondern diese auch wirklich einhältst. So gibst du der Zeit mit dir die Bedeutung, die ihr zusteht. (Über Art und Dauer des Dates und bis wann du eines für dich festgelegt haben solltest, darüber entscheide selbst, frei nach deinen Bedürfnissen.)

Okay, hast du dir für die nächsten Wochen und Monate einige Termine ausgesucht? Dann kann es auch schon losgehen. Suche dir ein tolles Programm für Treffen mit dir selbst aus, damit sie zu deinen absoluten Wochen-Highlights werden. Wichtig ist nur, dass du alleine bist und Zeit mit dir und deinem Programm verbringst. Vielleicht wartet zu Hause auf dich schon ewig ein neuer Roman, den du jetzt lesen möchtest. Oder du hast in einem Magazin ein leckeres Gericht entdeckt, das du gerne einmal für dich kochen willst. Vielleicht machst du aber auch einen ausgedehnten Spaziergang in einem deiner Lieblingsparks oder besuchst danach eine Sauna. Oder du schaust dir einmal alleine einen guten Film im Kino an und lädst dich davor oder danach noch zum Essen ein. Mache es dir einfach so richtig gemütlich und schön mit dir selbst. Nach einigen Wochen bemerkst du vielleicht schon, wie wichtig dir diese Zeiten mit dir selbst werden, wie sehr du sie genießt und wie du dich danach sogar regelrecht erholt fühlst. (Eine positive Begleiterscheinung wird sicher auch sein, dass du dich selbst besser an- und wahrnimmst und mehr auf dein Bauchgefühl hörst.) Nun bist du bereit für Schritt zwei.

To Do:

- [x] Steuererklärung
- [x] Oma besuchen
- [x] ~~Hundefutter~~ einkaufen
- [x] TÜV!!
- [x] Geschenk für Lisa?!
- [x] Bügeln
- [ ] ICH-ZEIT!!
- [x] Koffer ausräumen
- [x] neuen Ausweis abholen!

Feste Ich-Zeiten Versuche dir jetzt feste Ich-Zeiten unter der Woche einzuplanen, gerne auch öfters als nur einmal in der Woche. Doch statt dir wie zuvor etwas vorzunehmen (»Programm«), befasst du dich während dieser Zeit nur mit dir selbst – ohne Ablenkung. (Mach dir bewusst, es gibt nichts zu erreichen außer dich selbst.) Nimm auch hier deine Verabredungen mit dir selbst ernst und sage dir nicht ab. Mache dir bewusst: Du bist der wichtigste Mensch in deinem Leben und um eine gute Beziehung zu dir selbst aufzubauen, braucht es diese Zeit.

Hinweis: Wenn du aber an einem Tag ein Date mit dir gemacht oder dir eine Ich-Zeit genommen hast, an dem du dich so gar nicht leiden magst, dann ist das gar nicht schlimm. An solchen Tagen solltest du dich nicht zwingen, dich zu lieben oder etwas mit dir selbst zu machen. Das setzt dich nur unnötig unter Druck und löst Stress aus. Versuche dann vielmehr, mitfühlend mit dir selbst zu sein und deine Stimmung anzunehmen, wie sie ist. Es ist natürlich, mal in der einen und mal in der anderen Laune zu sein, jede Stimmung ist willkommen und hat ihren Sinn. Versuche dich, wenn es so ist, nicht von deinem Gemütszustand leiten zu lassen, eine Außenperspektive einzunehmen und herauszufinden, was dich jeweils in die aktuelle Stimmung versetzt hat. Aus allen Erfahrungen kann man etwas lernen. Frage dich, was du hier für dich Neues erfährst und dazulernst.

> *Wenn der Tag nicht dein Freund war,*
> *so war er doch dein Lehrer.*[10]
>
> *Unbekannt*

Hast du deine Ich-Zeiten erst einmal für dich etabliert, darfst du auch flexibel sein. Ich habe nur so auf das Einhalten deiner Termine mit dir selbst gepocht, weil du zunächst in das Gefühl kommen solltest, dass dir das wirklich wichtig ist, weil es um dich geht. Du kannst dir also jetzt auch die Freiheit nehmen, irgendwelche Ich-Zeiten, Termine oder Deadlines nicht einzuhalten und auf den nächsten Tag oder nächste Woche zu verschieben.

Was passiert während der Ich-Zeiten? Bei diesen Dates versuchen wir, unseren verdrängten Gefühlen mehr Aufmerksamkeit zu schenken, und sind nicht im Außen aktiv. Gerne darfst du dich mit passenden Büchern und Filmen auf deine Ich-Zeit thematisch einstimmen (vielleicht beschäftigt dich aktuell etwas Bestimmtes oder du willst dich mit einem Thema befassen, welches von Zeit zu Zeit wiederkehrt). Jedoch traue dich in dieser Zeit vor allem, einfach nur da zu sein und immer weniger zu tun. Nimm (dich) wahr und fühle. Wie du das machst, ist allein deine Sache. Vielleicht legst du dich dazu hin, schließt die Augen, hörst dabei eine ruhige Musik oder du schaust einfach aus dem Fenster oder auf die Flamme einer Kerze. Es gibt viele Möglichkeiten. Körperspürübungen, Yoga und angeleitete Meditationen können weitere Hilfsmittel sein, zu sich zu kommen, sind aber kein Muss und auch nicht jedermanns Sache. Wichtig ist allein, dass du deinen eigenen Weg findest, dass du schaffst abzuschalten und als Unbeteiligte von außen auf dein Inneres zu blicken. Mit der Zeit wirst du dann deine Themen, Sehnsüchte und Ängste hören können.

 Warum die ganze Gefühlsinspektion?

Ich weiß, das hört sich nun alles ein wenig »spooky« an, weil wir es in unserem lauten, stressigen Alltag nicht mehr gewohnt sind, innezuhalten und unsere Seele zu Wort kommen zu lassen, aber da gibt es so einiges, was uns unbedingt einmal ins Bewusstsein kommen möchte. Du wirst überrascht sein, was du da alles über dich erfährst, wenn sich dein Inneres zeigt, und was du für dich dadurch in deinem Alltag alles verbessern kannst, wenn du dir ab und an mal Ruhe und Zeit nur für dich gönnst. Vielleicht wirst du mitfühlender mit dir selber, nutzt fortan deine Zeit besser für dich, lässt Dinge oder Menschen los, die dich nur bremsen. Kleine Veränderungen können Großes für dich bewirken. Außerdem hilft die regelmäßige Inspektion deiner Gefühle, Stress abzubauen sowie deine aktuellen Ziele zu überprüfen und eventuell zu korrigieren. So kommst du nicht nur dir, sondern auch dem, was du für dein Leben willst, näher und feierst es.

Ich-Buch oder Ähnliches Eine zusätzliche Stütze für das Kennenlernen deines Selbst ist es, deine Gedanken, Fragen, und Themen, die auftauchen, festzuhalten. Sei es auf kleinen Klebezetteln, um dich daran zu erinnern (Kühlschrank, Fernseher oder Spiegel werden als Memo-Ort oft genutzt), in Form eines Moodboards (eine Collage aus verschiedenen inspirierenden Bildern und Zitaten) oder ganz oldschool, indem du alles in einem Buch notierst. Ich weiß, alles, was einem noch mehr Zeit am Tag raubt, ist ein großes No-Go. Deshalb sieh es auch nicht als ein Muss an, dich jetzt für irgendetwas zu entscheiden, sondern eher als eine Möglichkeit, auf die du zurückgreifen kannst, wenn sie dir etwas bringt.

Früher habe ich unheimlich gerne meine Gedanken aufgeschrieben, es hat mir ganz oft geholfen, mich nicht an meinem eigenen Gedanken-Gulasch zu verbrennen. Es war kein klassisches Tagebuch, vielmehr ein pinkes »Sandra-Buch«, in dem ich meine Gedanken, die mich beschäftigten, und die Zitate und Gedichte, die mich inspirierten, sammelte. Alles, was mich zum Nachdenken anregte und motivierte, mutig meine Wahrheit zu leben. Songtexte und Poesie dort einzutragen, das hatte schon fast etwas Meditatives; außerdem war das auch immer eine kleine Mini-Ich-Zeit, die ich mir am liebsten vor dem Schlafengehen gönnte. Es half mir, noch einmal meinen Tag zu reflektieren und in meinen Bauch hineinzuhören. Aktuell schreibe ich an dem wichtigsten und größten »Sandra-Buch«, das ich je hatte, dem in deiner Hand. Parallel dazu sammle ich noch Zitate, die ich hier und da notiere, und wenn nichts anderes zur Hand ist, schreibe ich sie auch mal gerne ins Handy. Ich bin ein großer Lyrikfan, also sind da ab und an auch Gedichte dabei. Jede/jeder muss da für sich die geeignete Form finden. Probiere einfach aus, was für dich passt, und hab Spaß daran.

8 Dein Oberstübchen

Es ist nicht die Welt, die dich begrenzt.
Es ist deine Meinung über dich selbst.[11]

Unbekannt

Während wir uns im letzten Kapitel mit der Blickrichtung von außen nach innen sowie unseren Gefühlen und Bedürfnissen beschäftigt haben, geht es jetzt mehr darum, zu verstehen, was passiert, wenn ein Teil unseres »Innen«, unser Oberstübchen, Gedanken über die Welt konstruiert. Gedanken funktionieren über Sprache, und mit Sprache beschreiben und formen wir die Welt, in der wir leben.

Dass es sich lohnt, etwas genauer auf unser Vokabular zu achten, wurde schon an früherer Stelle erwähnt. Wir können dadurch nicht nur das ein oder andere Nein zu uns und unserem Leben ausfindig machen, sondern auch bemerken, wie oft wir unsere Aussagen relativieren, um sympathischer zu wirken. Richtig spannend wird es, wenn wir anfangen, unsere Sprache und unsere Gedanken zielgerichtet für uns und unser Wohl einzusetzen, um langfristig für mehr Lebensenergie, ein besseres Bauchgefühl sowie Selbstliebe zu sorgen. In jedem unserer Köpfe schwirren täglich über 50.000 Gedanken herum, über die Hälfte sind bei den meisten von uns negativ und viele von ihnen halten wir auch noch für wahr, ohne sie überprüft zu haben. Sie schaden uns mehr, als dass sie uns nützen. Da drehen wir doch lieber einmal den Spieß um und sorgen wir für Gedanken, die uns in der Verwirklichung unserer Träume voranbringen.

Bevor ich dir ein paar Tricks, verrate, wie du dies bewerkstelligen kannst, wollen wir uns zunächst etwas näher mit dem Thema Gedanken beschäftigen. Nicht wundern, was folgt, ist ziemlich einfach und vielleicht auch nicht ganz perfekt beschrieben (ich bin ja auch keine Hirnforscherin), aber es gibt dir eine grobe Vorstellung davon, welche Rolle Gedanken in deinem Leben spielen.

Die Welt der Gedanken

Gedanken entstehen beim Hören, Sehen, Schmecken, Riechen und Fühlen und natürlich während wir schlafen. Neurowissenschaftlich steht fest, dass während unserer Denkprozesse unsere Nervenzellen im Gehirn auf komplizierte Weise miteinander interagieren. Dabei werden besondere Gedanken und Erfahrungen, unsere wichtigsten »Highlights«, aber auch zum Teil sehr negativ Erlebtes im Gehirn abgespeichert. Manches landet im Bewusstsein, kann erinnert werden, manches taucht plötzlich aus den Tiefen wieder auf, manches ist und bleibt unbewusst. Aus Gedanken und dem, was abgespeichert wurde, formen sich Erinnerungen. Vor ihrem Hintergrund und dem, was wir in einer gegebenen Situation wahrnehmen, konstruieren wir unser Selbst- und Weltbild sowie unsere Lebensentwürfe und treffen Entscheidungen, die über unser Verhalten und Handeln bestimmen. Das alles geht oft völlig unbewusst vonstatten, ohne dass wir es mitbekommen.

Worauf liegt dein Fokus?

In unserer optimierungsgeilen Welt, in der viele so tun, als ob sie makellos wären und alles immer perfekt sein müsste, liegt der Fokus unserer Wahrnehmung häufiger auf dem Negativen als auf dem Positiven und entsprechend sind auch unsere Gedanken eher negativ. Passend dazu kommt mir eine Geschichte in den Sinn (ein echtes »Highlight« in meiner Erinnerung), die ich mit dir teilen möchte. Es war vor zehn Jahren, als ich einem Schulgottesdienst saß, der insbesondere für die erste Klasse, in der meine Cousine damals war, und deren Familien abgehalten wurde. Am Altar stand eine große Tafel mit

Unsere größten
Problemzonen
sind unsere
Gedanken

fünf Matheaufgaben plus Lösungen. Vier davon waren richtig, eine falsch. Der Pfarrer fragte zuerst die aufgeregten Erstklässlerinnen und Erstklässler, was sie da sähen, und alle antworteten übermotiviert, dass das letzte Ergebnis falsch sei. Anschließend befragte der Pfarrer auch den Familienanhang und er bekam dieselbe Antwort. Daraufhin sagte er: »Ihr alle habt euch dafür entschieden, die falsch gelöste Aufgabe zu sehen, dabei hättet ihr euch auch für die vier richtig gelösten entscheiden können. Obwohl die richtigen Ergebnisse sogar in der Mehrzahl waren, war das falsche Ergebnis allen stärker aufgefallen. Wir leben in einer Welt, die ihre Aufmerksamkeit mehr den Fehlern, der Kritik und den schlechten Dingen im Leben widmet. Verliert nicht den Blick für all die schönen Dinge auf dieser Welt, sie sind meist in der Überzahl und werden viel zu oft für selbstverständlich genommen und dadurch übersehen.« Respekt vor dem Pfarrer, diese Predigt saß und für einen kurzen Moment hatte man das Gefühl, als hätten alle kapiert, dass eine negative Denkweise dafür verantwortlich sein kann, wenn unsere Seelen verfärbt werden.

Versteh mich bitte nicht falsch, ich möchte nicht krampfhaft das »positive Denken« predigen. Sobald man es erzwingt, löst dies nur eins aus: Stress. Auch ein schlechter Tag hat seine Berechtigung und muss nicht immer durch eine rosarote Brille verschönert werden. Mir geht es nur darum, dass du dir deiner destruktiven und vielleicht auch krankmachenden Denkgewohnheiten bewusst wirst und dich in konstruktivem Denken übst.

Konstruktiv zu denken, kann dir dabei helfen, öfter ja zu dir zu sagen und somit mehr Kraft für dein Leben zu aktivieren. Unsere negativen Gedanken rauben uns oft ganz schön viel Energie – darauf kann man wahrlich verzichten.

Denk einmal darüber nach: Wie viele schreckliche Filme hast du schon in deinem Kopf produziert, weil du von einem negativen Gedanken zum nächsten gesprungen bist? In Nullkommanichts schaffen wir es manchmal, »Drehbücher« über Katastrophen und Dramen zu schreiben, die zum Teil zwar eintreffen könnten, aber oft so hypothetisch konstruiert sind, dass sie es in 99,99 Prozent aller Fälle nicht tun (ein höchst kreativer Prozess, aber diese Art von Kopfkino tut uns absolut nicht gut!). Das Interessante daran ist, dass unser Unterbewusstsein nicht zwischen Realem oder Surrealem unterscheiden kann. Unser Körper reagiert also auf die Bilder in unserem Kopf genauso wie auf ein echtes Ereignis. Das heißt, wir können absolut gechillt auf der Couch hocken oder aufgrund unserer eigenen Gedanken total gestresst sein, ohne dass in dem Moment ein realistischer Grund dafür existieren muss. Je öfter wir uns zu solchen Szenarien hinreißen lassen, umso talentierter werden wir im Grübeln, Interpretieren, imaginären Diskutieren, Flüchten vor der Realität und Ankämpfen gegen sie, ohne dass es uns auf irgendeine Art und Weise weiterbringt. Und obwohl wir uns oft nur vor Negativem schützen wollen, beschäftigen wir uns gedanklich damit, lassen es unbewusst in unsere Sprache und unsere Handlungen einfließen und senden dadurch falsche, unserem Glück nicht zuträgliche Signale nach innen zu unserem Selbst und nach außen ins Universum aus.

Energie folgt immer der Aufmerksamkeit!

Ich weiß nicht, ob du das kennst, aber immer wenn ich mal wieder meinem Diät-Wahn verfallen war und mir abends, während eines tollen Films, einredete, dass ich die leckeren Chips nicht vernaschen darf, drehten sich meine Gedanken erst recht um diese verdammten Dinger. In mir fand dann eine imaginäre Diskussion statt, die sich in etwa so anhörte: »Ich gönne sie mir jetzt einfach ... Nein, Sandra, bleib stark. Okay nur noch diese eine Tüte, dann ist aber wirklich Schluss. Moment mal, warum nicht gleich jetzt? Ist doch der perfekte Zeitpunkt, um aufzuhören!« Teufelchen und Engelchen lieferten sich also mal wieder einen echten Kampf. Tja, und spätestens nach der zweiten

Werbepause hatte ich alle Chips weggeputzt. Kennst du das? (Wenn ja, lass dir bloß nicht von deiner »Claudia« einreden, du seist eine Versagerin.) Es ist fast unmöglich, in solchen Momenten zu widerstehen, nachdem deine Aufmerksamkeit nonstop auf die Chipstüte gerichtet war! Selbst mein Bauch konnte an nichts anderes mehr denken. Ich hörte schon das Knistern der Tüte und roch förmlich das Paprikaaroma. Mein Körper folgte einfach nur der Aufmerksamkeit und so konnte ich gar nicht anders, als zum Naschschrank zu laufen.

Unsere Gedanken gehen unseren Aktivitäten voraus. Worauf auch immer wir sie richten, dahin fließt auch unsere Energie und daraus entstehen dann unsere Handlungen und Gefühle. Viele Menschen wissen einfach nicht, wie sie ihre Gedanken und ihre Energie besser und zielgerichtet einsetzen können. Sie fokussieren ihre Aufmerksamkeit sehr oft genau auf das, was sie gerade nicht wollen oder wovor sie Angst haben. Wenn du also versuchst, dir etwas vom Leibe zu halten, indem du es bekämpfst, versuchst, dich davor zu verstecken, bannst du es geradezu in dein Leben. Dann bist du automatisch in einer »Stress-Reaktions-Schleife« gefangen, die dich viel Kraft kosten wird.

Doch wir können unsere Gedanken ganz bewusst in eine neue, heilsame Richtung lenken und trainieren, besser wahrzunehmen, was in unseren Köpfen vorgeht. Vieles, was uns beschäftigt, sind nur Gedanken, die nicht automatisch der Wahrheit entsprechen. Wir haben die Macht, selbst zu entscheiden, ob wir uns weiter in Vorstellungen hineinsteigern wollen, die uns herunterziehen, oder unsere Aufmerksamkeit lieber anderen Dingen zuwenden, die uns dem, was wir wirklich wollen, näherbringen. Wir wissen jetzt, dass es nicht ausreicht, negative Gedanken zu verscheuchen oder an etwas Bestimmtes nicht mehr zu denken. Nicht an die ungesunden, leckeren, knusprigen Paprikachips zu denken, ist der falsche Weg. Denn woran denkst du gerade? Richtig, an die verlockenden Chips. Was aber funktioniert, ist einfach an etwas komplett anderes zu denken und es sich mit allen Sinnen auszumalen, etwa an einen frischen bunten Gemüse-Snack, mit knackigen Paprikastreifen und kleinen Gurkenstücken sowie verschiedenen selbstgemachten Dips: einer mit Kräutern, einer scharf, einer sauer. Na, Appetit bekommen?

Zeige deinem Oberstübchen, wo es langgeht

Seine Gedanken zu erkennen und seinen Fokus auf etwas anderes zu richten als auf das, was du nicht willst, ist einfach viel effektiver. Wenn du dich stärker mit der Ausrichtung deiner Gedanken beschäftigst, bist du auch eher dazu in der Lage, darüber zu entscheiden, was du über dich und andere glauben, wie du dich und andere sehen möchtest. Dazu hast du auch mehr Einfluss auf deine Gefühle. Wenn du das draufhast, hast du schon viel Freiheit und Macht über dein Oberstübchen gewonnen. Lass dich ja nicht unterkriegen, jeder Anfang ist schwer und es gibt viele Gedanken, die hartnäckig sind. Hier heißt es: üben, üben, üben! Du kannst deine Gedankenaktivität bewusst steuern und entscheidest, was du sehen möchtest: vier richtig gelöste Matheaufgaben oder nur die eine falsche.

Glaubenssätze

Wie wir denken und fühlen, wird auch von Glaubenssätzen beeinflusst. Sie sind oft negativ und uns nicht bewusst. Bei ihnen handelt es sich um tief in unserem Innern verankerte Überzeugungen, die wir in unseren zwischenmenschlichen Beziehungen, aber auch in der Einstellung zu uns selbst ausdrücken. Nichtförderliche Glaubenssätze gehen meist auf verschiedene negative Erlebnisse zurück (oft aus der Kindheit), wie etwa auf Hänseleien oder Bloßstellungen, die man wegen eines bestimmten Aussehens erlitten hat. Da hätten wir etwa den negativen Glaubenssatz »Ich bin zu dick!« oder »Ich bin nicht liebenswert!« oder »Ich bin nicht liebenswert, weil ich dick bin«.

Sich mit Glaubenssätzen zu beschäftigen, lohnt sich. Denn sind sie negativ, gehören sie zu den Energieräubern, die uns womöglich bremsen, in unsere Kraft zu kommen. Wenn du mehr darüber erfahren willst, was es mit den negativen Glaubenssätzen auf sich hat und wie du mit ihnen umgehen, sie vielleicht sogar umwandeln kannst, empfehle ich dir das Buch »Das Kind in dir muss Heimat finden« der Diplom-Psychologin Stefanie Stahl. Zusätzlich möchte ich dir in aller

Kürze im Folgenden die Methode »The Work« von Byron Katie vorstellen (eine ausführliche Anleitung und mehr Informationen dazu findest du auf: http://thework.com/sites/thework/deutsch/thework.asp).

Glaubenssätze überprüfen mit »The Work«

»The Work« von Byron Katie ist eine sehr einfache Methode, anhand von vier Fragen einen deiner Glaubenssätze zu überprüfen und heilsame Prozesse in deinem Inneren anzustoßen. Byron Katie war in den 1970er-Jahren psychisch schwer erkrankt und litt an Depressionen und unterschiedlichen Süchten. Nachdem sie sich einer Therapie unterzogen und ihre Krise überwunden hatte, entwickelte sie »The Work«, um anderen Menschen zu helfen, die auch seelisch leiden. Die vier Prüffragen, die zur Methode gehören, beziehen sich auf einen Gedanken, eine Überzeugung (*belief*), die Leid bei einer Person auslöst.

Nehmen wir einen Glaubenssatz, der sich nach einer Auseinandersetzung mit einer guten Freundin entwickelt hat. Du gehst aus dem Streit wütend mit der absoluten Überzeugung heraus, dass sie dich nicht ernst nimmt. Durch die Beantwortung der vier Fragen und die »Umkehrungen« deines Glaubenssatzes (was das ist, wirst du gleich erfahren) wirst du a) den Wahrheitsgehalt deines Gedanken über die andere Person prüfen können und b) erfahren, was dieser Glaubenssatz alles mit dir selbst zu tun hat. Als »Erstversorgung« und für eine tiefere Bearbeitung der Situation hat Byron Katie ein Arbeitsblatt »Urteile über deinen Nächsten« entwickelt. Darauf will ich hier jedoch nicht eingehen (das findest du beim Verband für The Work of Byron Katie zum Herunterladen plus Anleitung unter: https://www.vtw-thework.org/the-work/anleitung.html).

Hier nun die Kurzvariante der Methode, wie ich sie anwende: Versetze dich nochmals gefühlsmäßig in die Lage, als ihr euch gestritten habt, und stelle dir dann die folgenden vier Fragen, jeweils kombiniert mit der Wiederholung deines Glaubenssatzes. Wichtig ist, dass du beim Beantworten ehrlich zu dir selbst bist und dir bewusst ist, dass deine Gefühle zum Glaubenssatz nicht infrage gestellt werden. Nimm dir

Zeit, bis Antworten kommen, und wenn erst mal nichts kommt, lies die Frage wieder und wieder. (Es bietet sich an, aufzuschreiben, was dir in den Sinn kommt. Zu den Notizen fallen dir später vielleicht noch wichtige Dinge ein.) Los geht's:

Fallbeispiel für die vier Fragen

1. »Sie hat mich nicht ernst genommen.« – Ist das wahr?
2. »Sie hat mich nicht ernst genommen.« – Kann ich mit absoluter Sicherheit wissen, dass dies wahr ist?
3. »Sie hat mich nicht ernst genommen.« – Wie reagiere ich, was passiert, wenn ich diesen Gedanken glaube?
4. »Sie hat mich nicht ernst genommen.« – Wer wäre ich ohne diesen Gedanken?

Zum Abschluss dieser Überprüfung – und das bietet für dich selbst meist wirkliches Selbsterkenntnispotenzial – kannst du den Satz noch umkehren. Dabei vertauschst du etwa Subjekt und Objekt oder du beziehst den Satz auf dich oder du formulierst den Satz positiv oder verneinst ihn. Dann suchst du drei Beispiele dafür, dass dies wahr sein könnte. Bei dieser Gedankenspielerei wirst du mit dir selbst, deinen Gefühlen und Überzeugungen konfrontiert – es wird dich sehr bewegen (Taschentücher in Reichweite halten!).

Für unser Fallbeispiel heißt das, folgende Umkehrungen zu bilden und drei Beispiele dafür zu finden, dass das »wahr« sein könnte:

1. »Ich habe sie nicht ernst genommen.«
2. »Ich habe mich nicht ernst genommen.«
3. »Sie hat mich ernst genommen.«

♡ **Kurzvariante**

Diese Gedanken-/Glaubenssatz-Inspektion braucht zwar Zeit, ist aber sehr effektiv. Manchmal hilft jedoch auch schon die Super-Short-Version, nur die ersten zwei Fragen zu beantworten. Das lindert oft schon Wut oder Traurigkeit oder zeigt dir einen Weg auf, wie du mit deinen Gefühlen und der Situation besser umgehen kannst. Oder du bringst den Glaubenssatz direkt in seine Umkehrungen und suchst nach Beispielen dafür, dass das wahr sein kann. Da kommt meist auch schon einiges an Verbesserung deiner Stimmung in Gang: So investierst du nicht so viel Zeit in die falschen Gefühle und kommst schneller an den »Kern der Sache« heran.

Übe dich darin, groß zu denken

Eine meiner liebsten Übungen ist es, mich in großen Gedanken zu üben. Das geht für mich am besten, wenn ich visualisiere. Ich stelle mir einfach alles genau bildlich vor, was ich mir wünsche: Einen tollen Tag, eine schöne Wohnung, mein zukünftiges Interview mit Babara Schöneberger und auch dieses Buch habe ich stark visualisiert. Meiner Meinung nach verpassen wir die Umsetzung vieler fantastischer Ideen und Wünsche nur, weil wir sie selbst mit unseren vielen »Vernunft-Abers« eliminieren: »Aber ich kann das nicht«, »Aber ich habe dafür keine Zeit«, »Aber mir fehlt dazu das Geld.« Viele Frauen neigen dazu, sich selbst, ihre Bedürfnisse und Wünsche kleinzuhalten und das Potenzial, das sie haben, zu unterschätzen. Nach Generationen der Unterdrückung und des Kleinhaltens ist es nicht verwunderlich, dass sie mit ihrem Selbstbewusstsein noch einige Schritte hinter den Männern liegen. (Nicht vergessen werden sollte, dass in vielen Ländern unseres Planeten Mädchen und Frauen immer noch diskriminiert werden und unter der Macht veralteter Traditionen und Rechtssysteme sowie unter dem Patriarchat dominanter Männer leiden, wo es die zarte Pflanze Selbstbewusstsein immer noch sehr schwer hat, zu wachsen.) Obwohl ich in einem Land lebe, wo man sich mittlerweile mit der

Gleichberechtigung Mühe gibt, hat sie sich noch nicht überall durchgesetzt. Da gibt es noch viel Spielraum nach oben und zusätzlich gilt es, Mädchen und Frauen gesellschaftlich noch mehr dabei zu unterstützen, selbstbewusster zu werden. Ich sehe bei einigen von ihnen eine Angst – etwas nicht schaffen zu können, etwa weil man nicht genug wert ist oder darstellt –, die von Generation zu Generation weitergereicht wurde, oder den noch mangelnden Mut, in ihre Kraft zu kommen und zu zeigen, was frau alles kann. Wie können wir es uns sonst erklären, dass wir in Deutschland 2018 laut der Universität Hohenheim nur 14,6 Prozent Gründerinnen haben und Männer in verschiedenen Berufen größtenteils immer noch bis zu 8 Prozent mehr verdienen als wir Frauen? Lasst uns das ändern!

Wir müssen uns unseren verdammten Ängsten und Selbstzweifeln endlich stellen und unsere eigenen und die uns von außen auferlegten Bremsen lösen und Vollgas geben. Wir dürfen nicht warten, bis sich politisch und gesetzlich etwas verändert. Wir selbst können die Veränderung sein, die wir uns wünschen. Lassen wir nicht zu, dass unsere Ängste uns weiter manipulieren und einschränken, und stecken wir unsere Energie lieber in unseren Ideenreichtum, in die Befriedigung unserer Bedürfnisse, das Erfüllen unserer Hoffnungen und das Entwickeln unserer Talente. Nicht nur für uns, sondern auch für die Frauen der nachfolgenden Generationen. Sich wieder mehr zuzutrauen ist angesagt! Hätte ich selbst nicht daran geglaubt, dieses Buch schreiben zu können, dann hätte ich das auch nicht geschafft. Und warum hätte jemand anders überhaupt daran glauben sollen, dass ich das hinbekomme? Siehst du? Genau darum geht es mir! Und nun hältst du mein Buch in deinen Händen, und das, obwohl ich eine starke Legasthenikerin bin und es mir viele Menschen und einige meiner Lehrerinnen und Lehrer in der Schule gewiss nie zugetraut hätten.

Mache deine Schwächen zu deinen Stärken

Weil so viele Menschen immer noch keine Ahnung davon haben, was Legasthenie eigentlich ist und sie meist mit einer Lese-Rechtschreib-Schwäche verwechseln, möchte ich einige Worte dazu sagen. Laut ICD-10-Katalog der Weltgesundheitsorganisation (WHO), nach dem weltweit Krankheiten und Behinderungen erfasst werden, ist Legasthenie eine Störung einer Hirnfunktion, die deshalb für viele unterschiedliche Teilleistungsstörungen verantwortlich ist. In meinem Fall erkennt man diese Störungen vor allem an meiner miesen Rechtschreibung, aber auch an meinen mangelnden Fremdsprachkenntnissen, meinem schlechten Langzeitgedächtnis und an meiner schnellen Art zu sprechen. Mein Selbstbewusstsein litt lange Zeit stark an den Bloßstellungen, die ich aufgrund dessen in Familie und Schule erdulden musste. Mir wurde ständig mangelnde Intelligenz und Faulheit vorgeworfen. Aber auch wenn meine schulische Laufbahn in der Tat von mehr Misserfolgen geprägt war und ich oft als absolute Versagerin hingestellt wurde, so gab ich mir doch extrem viel Mühe, um mit meinen Klassenkameradinnen und -kameraden mithalten zu können.

Legasthenikerinnen und Legastheniker sind nicht dümmer und fauler als andere Menschen, das sind Vorurteile. Sie sind ziemlich oft sogar überdurchschnittlich begabt und lernen erheblich zielstrebiger, als es Menschen ohne eine solche Indikation tun. Nur lässt sich Legasthenie nicht allein durch Fleiß beseitigen oder verbessern. Trotzdem konnte und wollte ich mich nicht auf meiner Diagnose ausruhen und versuchte, meine Schwäche im Schriftlichen durch eine verstärkte mündliche Mitarbeit zu kompensieren, zum Teil mit großem Erfolg. Und obwohl mir alle das Schreiben immer madig machen wollten, hatte ich große Freude daran und entwickelte vielleicht sogar deshalb meinen ganz eigenen Schreibstil. So machte ich aus einer meiner größten Schwächen meine größte Stärke. Lass dir also bitte von niemand einreden, du seist dumm, könnest etwas nicht oder seist nicht gut genug. Lass dich nicht von deinen Selbstzweifeln oder deiner »Claudia« unterbuttern. Trau dir mehr zu und denke groß. Das darfst du dir selber immer wert sein!

Was sagt Silke dazu?

Dass unser Gehirn zwischen Vorstellung und tatsächlichem Geschehen nicht unterscheidet, ist nicht nur schon länger wissenschaftlich bewiesen, du kannst es auch selbst durch ein Gedankenexperiment erfahren. Stelle dir vor, du hältst in der Hand eine saftige, gelbe Zitrone. Du riechst daran, sie duftet säuerlich. Schneide nun in Gedanken die Zitrone in vier Stücke. Saft quillt heraus und du kannst die Säure intensiver riechen. Zuletzt nimmst du ein Viertel und beißt herzhaft hinein. Vielleicht hat sich jetzt in deinem Mund etwas getan. Oder du verspürst an einem anderen Ort eine Körperreaktion. Du kannst dir das aber auch nochmals mit geschlossenen Augen vorstellen und überrascht sein, was geschieht.

Was ist passiert? Beim Visualisieren richtet man seine Gedanken auf eine bestimmte Situation, in die man sich mit all seinen Sinnen einfühlt, und versucht, diesen Gefühlszustand über eine bestimmte Zeitdauer aufrechtzuerhalten. Gedanken sind Energie. Und wenn diese Energie durch wiederholtes Visualisieren befeuert/verstärkt wird, wird daraus Materie. Alles auf dieser Welt war irgendwann einmal Energie, bevor sie sich materialisierte. Materie besitzt Masse und je größer eine Masse wird, desto schneller/stärker zieht sie mehr Masse an. Eigentlich ist das ganz einfach und es wäre schön, wenn diese wirklich wichtigen Erkenntnisse Eingang in unsere Schulen fänden.

Du kannst dir auch deinen Traumpartner visualisieren, allerdings nicht einen bestimmten; Brad Pitt oder George Clooney funktionieren nicht. Visualisieren bringt Erfolg, wenn du DEIN Leben damit gestaltest, selbst etwas veränderst und nicht andere dafür brauchst oder das Leben anderer ändern willst. Du vermagst es, anderen Menschen Liebe, Freude und Dankbarkeit mental zu schicken, aber du kannst sie nicht zum Objekt deiner Wünsche machen. Und das ist auch gut so, sonst könnte das ja auch jeder mit dir machen. Dein Leben kannst NUR DU gestalten, und dies mit allen Konsequenzen.

Übung: Entspanne dich, achte auf deine Atmung, beobachte, wie sich beim Einatmen deine Körperoberfläche ausdehnt und beim Ausatmen wieder zusammensinkt, lass Gedanken kommen und gehen. Wenn du total entspannt bist (das ist wie kurz vor dem Einschlafen), stell dir eine Szene vor, die du dir herbeiwünschst, in der du dich wohlfühlst. Zum Beispiel, dass du eine Prüfung bestanden hast. Du kannst dir dann vorstellen, wie dein Lehrer, Professor oder Chef dir zur bestandenen Prüfung gratuliert, wie dir deine Freundinnen und Freunde um den Hals fallen oder wie du in einem Club feierst. (Es geht hier nicht um das Vorstellen bis ins Detail, sondern darum, dass du eintauchst in das Gefühl des erfüllten Wunsches.) Wie fühlt es sich an, wenn alle dir gratulieren? Wie riecht die Luft des Clubs oder das Parfüm deines Freundes? Wie fühlt sich die Umarmung deiner besten Freundin an? Und dort verweile und freue dich! Ich selbst stelle mir für das Eintauchen in mein Wunschszenario immer einen Timer und gehe, so oft ich kann, für ca. zwei Minuten in diesen Zustand. Du kannst auch gerne länger dort bleiben – weil es eben so guttut –, aber für eine Visualisierung sind zwei Minuten genug. Das ist wirklich sehr leicht. Vielleicht fragst du dich, warum das dann bei vielen gar nicht klappt, dass sie das, was sie sich wünschen, erreichen. Ganz einfach: weil sie zweifeln. Der geringste Zweifel macht sämtliche Visualisierungen zunichte. Darum überlege dir gut, wem du von deinen Träumen erzählst, wer dich unterstützt oder dir Bedenken einredet, und behalte deine Träume, bis du sicherer wirst, erst einmal für dich. Beginne mit einfachen Dingen, damit du im Laufe der Zeit immer überzeugter von dir selbst wirst, dass du dir deine Wünsche auch erfüllen kannst. Und wenn es dir immer besser gelingt, fange an, groß zu denken! Lass deine Wünsche wachsen! Spiele damit! Deiner Kreativität und deiner einzigartigen Schaffenskraft sind keine Grenzen gesetzt.

Und noch ein Sandra-Tipp: Wenn du dir Zeit für deine Wünsche, Träume, Pläne und Visualisierungsübungen nimmst, mach dir doch dazu, wenn das für dich passt, ein paar Notizen oder Zeichnungen in dein »Ich-Buch«. Vielleicht legst du auch eine Tabelle oder Skala an und hältst fest, wie sich für dich etwas über eine gewisse Zeit des Übens verändert hat. Und nicht vergessen: Alles darf, nichts muss. Aber vielleicht gönnst du dir das ja einfach, weil es dir hilft, deinen positiven Gedanken mehr Raum zu geben und das Realität werden zu lassen, wonach du dich sehnst. Es ist in jedem Fall eine gute Investition.

9 Dein Weg mit Bauch

Als ich fünf war, hat mir meine Mutter immer gesagt, dass es das Wichtigste im Leben sei, glücklich zu sein. Als ich in die Schule kam, baten sie mich aufzuschreiben, was ich später einmal werden möchte. Ich schrieb auf: »glücklich«. Sie sagten mir, ich hätte die Frage nicht richtig verstanden, und ich antwortete ihnen, dass sie das Leben nicht richtig verstanden hätten.[12]

John Lennon

Das Ende unserer Reise naht und du liest die letzten Seiten: Natürlich kannst du jetzt versuchen, an dem Buch zu reiben, nur wird keine bezaubernde Dschinniya erscheinen, die dir drei oder mehr Wünsche erfüllt. Auch habe ich für dich kein allgemeingültiges Geheimrezept parat, das dir sagt, welche Marschroute du nun wählen sollst oder wie du mehr Zufriedenheit und Glück in dein Leben bringst. Denn du als »Unikat« musst deinen eigenen Weg finden und jetzt ist der Zeitpunkt, endlich loszugehen, mit (mehr) Bauchgefühl einem glücklicheren Leben entgegen (wenn du es nicht schon längst getan hast). Bedenke dabei: Du hast noch dein ganzes restliches Leben vor dir, du darfst dich ausprobieren, Fehler machen, aus ihnen lernen, die Marschroute ändern und dich davon leiten lassen, was dich weiterbringt und glücklich macht. Denke daran, dass Selbstannahme und Selbstliebe wichtige und heilsame Zutaten für mehr Zufriedenheit und Glück im Leben sind. Sei, was sie betrifft, also eher großzügig, wenn nicht gar verschwenderisch.

Ich hoffe sehr, dass dieses Buch dir nicht nur Appetit auf ein Leben ohne »Baucheinziehen« gemacht hat, sondern auch passende Übungen für dich dabei waren, die dir helfen, ein Leben zu führen, in dem du dir selbst die wichtigste Freundin sein kannst und mehr positive Gedanken in dir Platz finden als negative. Ich würde mich außerdem freuen, wenn ich dich motivieren konnte, neue Methoden auszuprobieren, die dich dazu bringen, Frieden mit deinem Körper, deiner Seele und deiner Geschichte zu schließen, und du begonnen hast, deine »Schwächen« in Stärken zu verwandeln. Vielleicht schmeißt du auch eine große Fete, in der du deine Unvollkommenheit und zugleich die Vielfalt feierst, ich bin auf jeden Fall dabei.

Lasse deine Gefühle tanzen, denn dein Körper ist die Bühne deines Innenlebens und zugleich das Instrument, das deine Gefühle ausdrückt. Nimm Raum ein und mach dich sicht- und hörbar. Und vergiss nicht, dass du all das Werkzeug bereits in dir hast, um deine eigene Wahrheit zu finden und zu leben. Denke groß, packe deine Wünsche und Träume ein und begib dich auf die Abenteuerreise Leben. Den Weg, die Richtung, die du einschlägst, bestimmst nur du allein. Renne nicht mehr an dir vorbei und blende dich nicht aus, sondern versuche, mit jedem Schritt dir selbst in Ruhe ein Stückchen näherzukommen. Du wirst überrascht sein, wie viel man schafft, wenn man sich bemüht, nicht besonders schnell zu sein (das muss ich auch noch üben). Sei es dir wert, auch mal nein zu sagen, grenze dich ab, wenn dir etwas oder jemand nicht guttut: Du bist genug, so wie du bist. Außerdem frage dich immer mal wieder, ob du überhaupt erst irgendwohin kommen musst, um glücklich sein zu dürfen.

Machen wir uns nichts vor, so schön es sich auch anhören mag, seinen eigenen Weg zu gehen, es ist auch herausfordernd und anstrengend. Denn es bedeutet unter anderem, dass du dein eigenes Tempo finden und dir Pausen einräumen musst, ohne deshalb ein schlechtes Gewissen zu bekommen. Es kann auch passieren, dass du dich verläufst, dann gilt es, eine Kurskorrektur vorzunehmen. Vielleicht fällst du auch einmal hin und verletzt dich dabei. Dann gilt es, wieder auf die Füße zu kommen und mit Zuversicht und Freude weiterzugehen. Aber du schaffst das, du hast alles, um mit dir weiterzukommen, bereits in dir. Auch um Unwägbarkeiten und mögliche Schwierigkeiten zu überwinden. Nimm sie in Kauf. Mach dir bewusst: Nur wer seinen eigenen Weg geht und authentisch ist, kann in der Welt seine Spuren hinterlassen. Das klingt ziemlich kitschig, doch mich bringt diese Aussicht immer wieder auf die Fährte zurück, die mir entspricht und mich glücklicher sein lässt. Ich weiß, leider gibt es keinen Schutzzauber, der dich vor eventuellen Stürzen und Schmerzen bewahren könnte, aber mach dir bewusst, dass dein Gewinn am Ende weitaus höher sein wird als dein Einsatz: Du lebst dein Leben, du kommst zu dir, lebst deine Träume, liebst dich, lässt andere an deinem Glück teilhaben und beeinflusst sie durch deine gelebte Lebensfreude positiv.

10 Liebesbrief

Vor zwei Jahren verfasste ich den kleinen Liebesbrief, der auf der nächsten Seite abgedruckt ist, für alle unsere Bauchfrauen-Kundinnen und ich möchte auch dir zum Schluss diese Worte auf deinen weiteren Lebensweg mitgeben. Doch was hältst du davon, wenn du dir deinen eigenen verfasst? Ein Liebesbrief an dich selbst und an dein Leben. Ich wünsche dir dabei viel Freude und schicke dir für deine nächsten Schritte Unmengen an Bauchliebe.

Deine Bauchfrau Sandra

P.S.: Vergiss nicht: Das Leben ist zu kurz, um den Bauch einzuziehen! Ich weiß, dass du es schaffst, dich und dein Leben zu feiern!

Du bist wunderschön!

Genau so, wie du bist, mit zu wenig Busen und zu viel Po.
Du darfst dich lieben und sollst Frieden mit deinem Körper
schließen. Um wieder mehr Zeit und Energie für die wirklich
wichtigen Dinge deines Lebens zu besitzen. Ein fesches Leben
wird nicht auf der Waage sichtbar, sondern durch den Mut,
du selbst zu sein. Vor allem wollen wir dir sagen,
dass du aufhören sollst, dich durch deine Kleidergröße
zu identifizieren.

Klar, wir wollen uns alle in unserer Haut wohlfühlen,
doch wer schreibt vor, welche Kleidergröße „wohlfühlen" ist?
Vergiss niemals, dass wir alle keine Einheitsgrößen sind,
sondern eher eine dimensionslose Größe oder eine
Maßeinheit ohne Grenzen. Liebe die Vielfalt.
Erinnere dich daran, wer du sein wolltest, bevor dir die anderen
gesagt haben, wie du sein sollst. Und mache dir bewusst,
dass das bedeutendste Kleidungsstück,
welches du jemals besitzen wirst,
deine innere Schönheit ist.

11 Body Power Points – Schritte zu mehr Bauchgefühl

In diesem Kapitel findest du die Essenz dieses Ratgebers und dreizehn wichtige Punkte, die auf deinem Weg zu mehr Bauchgefühl von Bedeutung sein können. Wenn dir gerade die Zeit fehlt, ein ganzes Kapitel zu einem Thema zu lesen, kannst du dich hier in Kürze inspirieren lassen und später im Buch mehr darüber lesen. Dieses Kapitel dient aber auch der Erinnerung, wenn es schon eine Weile her ist mit deiner Lektüre und du dich nochmals auf die wesentlichen Punkte für mehr *Belly*-Liebe einschwingen willst. Zudem hast du im Anschluss Platz, deine wichtigsten Erkenntnisse (siehe unten) festzuhalten, um sie dir immer wieder ins Gedächtnis zu rufen.

1. You are powerful Ist dir eigentlich bewusst, dass es absolut nicht selbstverständlich ist, was unser Körper jeden Tag *für uns* leistet? Sobald wir ernsthaft erkrankten, wäre es uns bestimmt völlig schnuppe, ob wir in den Augen anderer schön oder dünn genug wären. Wichtig wäre für uns da doch nur, gesund zu werden. Trotzdem vergeuden viel zu viele Menschen ihre gesunde Lebenszeit mit lauter »ungesunden« Gedanken wie »Wie werde ich schnell dünner?« oder »Wie kann ich meinen Hunger unterdrücken?«. Noch während wir das denken, verpassen wir ganz und gar, dankbar dafür zu sein, welche kleinen und großen Wunder unser Körper jede Sekunde unseres Lebens für uns vollbringt. All die kleinen Kratzer und Krankheiten, die ihn zeitlebens ereilen, heilen meistens wie von selbst – ob Wunden, Brüche oder irgendwelche Infekte, unsere Selbstheilungsmaschine schafft es, in den meisten Fällen unser System wieder in die Balance zu bringen. Danke deinem Körper dafür und richte deinen Fokus nicht ständig darauf, was dein Körper alles nicht kann, sondern auf das, was er kann und wie unfassbar stark er ist. Wofür bist du deinem Körper dankbar?

2. Wer etwas Besonderes ist, muss sich nicht verstecken Da wir alle Unikate sind, wird es Zeit, dass du aus deinem Versteck schlüpfst. Keine Angst, dazu musst du nicht gleich ein pink getupftes Kleid tragen, aber dich immer mit der sicheren »Farbe« Schwarz zu tarnen, ist ab heute ein No-Go. Falls dein Kleiderschrank nichts anderes hergibt, schnapp dir einfach eine Freundin und ab geht es auf die nächste Kleidertausch-Party. Dabei soll es dir nicht unbedingt darum gehen, etwas Neues mit nach Hause zu bringen, sondern vielmehr wieder Spaß am Aus-/Anprobieren und Entdecken zu bekommen. Alles darf, nichts muss – so lautet die Devise. Denn es gibt nichts Schlimmeres, als sich auf die Schnelle ein hässliches Teil aufquatschen zu lassen, nur um einmal kurz die Komfortzone verlassen zu haben. Also lass dich nicht unter Druck setzten und nimm dir für das Zusammenstellen und Kreieren deines neuen Styles Zeit. Oft gehört, aber wahr: DU musst dich wohlfühlen, nur darauf kommt es an, alles andere sieht wie eine Verkleidung aus. Klar gibt es einige Modetricks, mit denen du deine vorteilhaftesten Körperstellen betonen und weniger vorteilhafte kaschieren kannst. Doch sollte es dir dabei nicht darum gehen, dünn auszusehen, sondern dich durch passende Schnitte, Formen und Farben authentisch und stilvoll in Szene zu setzen, dich in deiner ganzen Schönheit der Welt zu präsentieren. Zeige, dass du etwas Besonderes bist. (Literaturtipp: Kawai/Cortez: »Finde deinen Style«, 2018)

3. Women – support women! Manchmal kann man vor lauter Selbstzweifel nicht erkennen, wie toll man ist. Dann trau dich, deine beste Freundin zu fragen, was sie an dir mag und schön findet. Beschenkt euch gegenseitig mit wohltuenden Worten. Vielleicht traust du dich auch, noch andere Menschen aus deinem Freundeskreis oder deiner Familie zu fragen. Du wirst überrascht sein, was sie alles an dir mögen und weshalb. Das ist ein guter Weg, dich einmal durch die »Brille« der Anderen wahrzunehmen, was dir wiederum helfen kann, den einen oder anderen Selbstzweifel abzubauen. Öffne dich also für Komplimente, mache selbst Menschen in deinem Umfeld welche, aber nimm auch selbst dankend welche an. Kopf hoch, Brust raus, sonst fehlt dir die optimale Haltung, um die Schmeicheleien, die auf dich warten, zu genießen.

4. Listen to your body! Unser Körper schickt uns regelmäßig Signale, die wir jedoch oft überhören. Sicherlich hast du auch schon Kopf- oder Bauchschmerzen nach einem stressigen Tag bekommen. Oder du kennst es, während einer anstrengenden Phase deines Lebens unter unreiner Haut oder schlechtem Schlaf zu leiden. Die Haut ist der Spiegel unserer Seele, und in unseren Träumen verarbeitet unser Unterbewusstsein alles, wofür am Tag kein Platz übrig war. Sei achtsam zu dir und deinem Körper. Fang an, deinen Körper wie ein kostbares Gefäß zu betrachten, in dem deine Seele wohnt. Wenn es unserem Inneren nicht gutgeht, wird unser Körper krank. Deshalb sei dir selbst deine beste Freundin und versuche, die Signale deines Körpers bzw. deiner Seele besser wahrzunehmen. Vielleicht brauchst du eine Pause oder etwas Zeit für dich selbst, damit du dich nicht völlig auspowerst oder sogar krank wirst. Mache dir klar, dass der Körper das Medium ist, welches deine innere Welt mit deiner äußeren verbindet. Was zeigt dir dein Körper heute?

5. Me-Time Ich-Zeiten sind super wichtig. Man loggt sich kurz aus der Welt aus und lädt seine Batterien wieder auf. Kraftspendende Energiefelder können sein: Wellness, Natur, Sport, inspirierende Bücher und Filme, entspannende Musik usw. Zusätzlich hilft, mit sich selbst und seinem Leben ab und an in »Inventur« zu gehen, um bei Bedarf eine Kurskorrektur vornehmen zu können, etwa wenn man gerade zu viel Energie in etwas steckt, das man gar nicht mag. Ich mache das etwa zweimal pro Jahr. Einmal kurz vorm Sommer und einmal zum Jahreswechsel. Die wichtigsten drei Punkte, die ich gerne ändern möchte, schreibe ich mir auf einen kleinen Zettel und lege ihn übers ganze Jahr unter mein Kopfkissen. Beim Bettenmachen kann ich so immer mal wieder einen Blick darauf werfen und mich auf meine Ziele fokussieren. Ende des Jahres überprüfe ich dann jeweils, ob es mir gelungen ist, etwas zu verändern. Und wenn nicht, auch nicht schlimm, dann lege ich den Zettel einfach wieder zurück unters Kissen. Alles braucht seine Zeit. Manchmal passiert es auch, dass Ziele sich im Jahresverlauf ändern, auch das ist kein Problem, dann streich das alte durch und füge dein neues/korrigiertes hinzu.

6. Deine größte Problemzone sind deine Gedanken Versuche nicht, alles zu glauben, was dir deine tägliche Gedanken-Matsche als Wahrheit zu verklickern versucht. Wer seinen selbstvernichtenden Gedanken glauben kann, kann genauso gut seine Energie für wohltuende Gedanken nutzen. Wir können beeinflussen, was wir über uns selbst denken, und über die Ausrichtung unserer Gedanken entscheiden, was wir fühlen wollen. Wenn meine Gedanken mir mal wieder weismachen wollen, ich sei ein ekeliges Schwabbelmonster, dann stelle ich mich vor einen Spiegel und lenke meine Aufmerksamkeit bewusst auf die Körperstellen, die ich am meisten an mir mag.

Kein anderer Mensch auf dieser Welt sieht so aus wie du, zelebriere diese Außergewöhnlichkeit. Wertschätze die Dinge, die du an dir schön findest, indem du dir selbst Komplimente machst. Zusätzlich kannst du dir das eine oder andere schöne Wort über dich selbst als Erinnerung in deinem Handy speichern oder dir an den Spiegel kleben.

Die Aufmerksamkeitsübung vor dem Spiegel kannst du übrigens steigern, indem du dich nackt davor stellst. Such dir ein schönes Lied aus, dreh die Musik auf und gib Vollgas. Tanz dich frei und schüttle alle selbstvernichtenden Gedanken ab. Glaub mir: Das tut soooooooo gut und bringt richtig gute Laune!

7. Life's too short to be the same! Such dir ganz bewusst Orte, Medien und Menschen, die dir wirklich guttun und deine Außergewöhnlichkeit und die allgemeine Vielfalt feiern. Finger weg von Frauenmagazinen mit Überschriften wie »Diese Diät funktioniert wirklich«. Außerdem miste regelmäßig alle deine Lebenssäulen (Familie und Freunde, Beruf, Freizeit, Glaubenssätze und Werte) in deinem Alltag aus. Vergiss nicht, all das, mit dem wir uns füttern oder was wir uns gönnen, nährt uns. Zu meinen persönlichen Kraftfeldern gehört etwa das Saunieren. Die Frauensaunatage zeigen mir stets, wie »echte« Frauen aussehen. So richtig schön unvollkommen und vielfältig. Zudem wird mir da jedes Mal bewusst, dass die Zeit und die Schwerkraft bei uns allen ihre Spuren hinterlassen werden. Wieso also überhaupt solche Mengen an Energie aufwenden, um etwa das Älterwerden aufzuhalten? Man würde doch auch nie von einem Fluss verlangen, nicht in eine bestimmte Richtung zu fließen. Das Leben ist gekennzeichnet durch Wandel und Vielfalt: Unsere Körper sind nicht nur Einzelstücke, sondern auch Instrumente, mit denen wir durchs Leben gehen und an denen Abnutzungen zu erkennen sind, wenn wir unsere Geschichte geschrieben haben. Was macht dich zum Unikat?

8. Die Komfortzone ist ein schöner Ort, an dem nichts wächst Meide keine Plätze, Aktionen oder Outfits mehr, nur weil du Angst vor dem hast, was andere über dich sagen könnten. Erstens es geht hier um DICH, es ist es DEIN Leben, das gelebt werden will, und zweitens sind die meisten, die dich kritisieren könnten, sowieso viel zu sehr mit sich selbst beschäftigt. Lass dich von deiner Kleidergröße oder einem Körpermakel nicht einschüchtern! Und vielleicht kannst du durch deinen Mut sogar anderen Frauen eine Inspiration sein. Vielleicht verlässt du ja diese Woche einmal bewusst deine Komfortzone? Wie könnte das aussehen?

9. Hör bitte niemals auf, du zu sein! Willst du ein selbstbestimmtes Leben, führt kein Weg daran vorbei, anderen auch mal abzusagen oder sie gar zur enttäuschen. Wichtig: Dafür brauchst du niemanden um Erlaubnis zu bitten und dich auch nicht zu rechtfertigen! Eines unserer Lebensziele sollte nicht darin bestehen, jedermanns Liebling zu sein, sondern uns selbst immer ein Stück näherzukommen. Dazu gehört auch, dass du dich nicht ständig verurteilst, wenn du deinen eigenen Erwartungen nicht gerecht geworden bist oder deine Ziele nicht (direkt) erreicht hast. Wir alle sollten viel öfters hoch erhobenen Hauptes unter unseren eigenen Erwartungen lachend hindurchspazieren. Feier dein perfektes »Unperfektsein«! Erst unsere Unvollkommenheit macht uns zu etwas Einzigartigem. Und dazu gehören nicht nur unsere Stärken, sondern auch all unsere Wunden, Macken und Risse. Als Gedankenanstoß hier ein Zitat des persischen Dichters Rumi: »Eine Wunde ist ein Ort, über den das Licht in dich eindringt.«[13]

10. Sei Regisseurin deiner Gefühle! Wir alle haben ins uns eine Stimme, die an uns herumkritisiert und uns in bestimmten Situationen negative Gefühle bereitet. Es ist die innere Kritikerin, die dann spricht. Ich bemühe mich, sie erst einmal wahrzunehmen und mache mir ein Bild von ihr (also wie sie aussieht als Figur; meine hat, wie du vielleicht schon weißt, wenn du das entsprechende Kapitel gelesen hast, auch einen Namen). Kurz höre ich ihr zu, aber dann gebiete ich ihr Einhalt. So gebe ich ihr nicht mehr so viel Macht über mich und schaffe es, öfters meine Gedanken zu überprüfen, bevor ich sie einfach glaube. Natürlich kannst du dir auch für positive Stimmen in dir oder Gefühle wie Freude, Glück, Stolz eine bildliche Vorstellung als Figur ausmalen und diese so in dir größer machen. All die Stimmen und Gefühle sollten wir besser kennenlernen und anhören, denn sie spielen wichtige Rollen für unsere Beziehung zu unserem Körper. Das ist schließlich die Bühne, mit der wir unser Theaterstück zum Leben und in die Welt bringen! Führen wir da doch besser Regie (siehe dazu Bauchtipp 7 und 8 in Kap. 7, S. 146 f.)!

11. Achte deine Bühne, so kümmerst du dich gut um deine Darsteller
Hör auf, dich zu vergleichen! Wir sind alle Unikate und sicherlich keine Einheitsgröße. Wenn ich es mir aussuchen könnte, wäre ich an manchen Tagen auch lieber eine brasilianische schwarze Schönheit, statt eine weiße Europäerin mit kurzen Haaren und kräftigen kleinen Stampferchen, *true story*! Doch mich stets mit exotischen Frauen zu vergleichen, das bringt nichts und stimmt mich nur mies. Einen Hoodie vergleicht man auch nicht mit einem Kaschmir-Pulli! Beide sind auf ihre Art und Weise wundervoll. Übe dich also lieber in Selbstannahme, denn das hebt dich von der Masse ab. Und weil das Sichvergleichen so unhappy macht, lass es doch einfach und höre auf, dich über deine Kleidergröße, die Meinung anderer und Social-Media-Likes zu identifizieren. Ein fesches Leben wird nicht auf der Waage und auch nicht im Spiegel sichtbar, sondern durch den Mut, du selbst zu sein.

Verschaffe dir die Unterstützung und Hilfe, die du brauchst, um mit dir selbst weiterzukommen, sage öfters nein zu anderen, um mehr Raum für Ich-Zeiten zu besitzen. Traue dir selbst Großes zu, pflege deine Visionen und mach sie in deiner Sprache und in deinem Handeln sichtbar, um die richtigen Zeichen ans Universum zu senden. Das wird dir auch dein Körper danken, denn wenn du dich in deinem Inneren gut um deine Darsteller kümmerst, werden sie auf der nächstgrößeren Bühne – in der Welt – ein wunderbares Stück aufführen können. Was kannst du heute für dich tun?

12. Zeige deine Verletzlichkeit Ab sofort dürfen wir aufhören, uns hinter unseren selbstgebauten Mauern zu verstecken, unseren Schutzschild ablegen und unsere Krimskrams-Themen aus unserer »Lebenshandtasche« auspacken. In der Vergangenheit gab es bei der einen oder anderen sicher eine Zeit, in der die Schutzmaßnahmen angebracht waren und sie vor den Gefahren des Lebens bewahren sollten, aber heute bremsen sie uns! Ein erster Schritt raus aus der Bremsfalle ist, dass du dir bewusst machst, dass es keine absolute Sicherheit gibt, im schlimmsten Fall alles schiefgehen kann, und du dich trotzdem voller Begeisterung ins Leben stürzen kannst. Das ist nicht nur mutig, sondern der einzige Weg, ehrlich zu leben. Lebendig sein heißt, zu akzeptieren, dass alles dem Wandel unterliegt, und eben auch verletzlich zu sein. Also weg mit den alten Mauern und runter von der Bremse, verabschiede dich von der Vorstellung, alles müsse immer sicher und perfekt sein. Überlege einmal: Welcher »Fehler«, welche »Makel« oder welches »Missgeschick« haben in deinem Leben am Ende doch etwas Positives, Gutes gehabt? Was fällt dir da ein? Du wirst schnell merken, dass das Unperfekte das Authentische ist, das dich weiterbringt! So ist das Buch, das du in den Händen hältst, auch sicherlich nicht perfekt, doch immer noch besser als die absolut einwandfreie Version in meiner Schublade, die niemals meinen Schreibtisch verlassen hätte.

13. Sei dein eigenes Idol! Jederzeit darfst du dich von anderen Persön-
lichkeiten inspirieren und motivieren lassen, doch himmele niemanden an, ahme ihn nicht nach, um so zu werden wie sie oder er, und
hör auf, dich ständig zu vergleichen. Du besitzt bereits alles in dir, um
dein eigenes Potenzial auszuleben und dein eigenes Idol zu sein. Du
musst dir nur selbst vertrauen. Erinnere dich daran, mehrmals täglich,
vielleicht mit einer Memo auf deinem Smartphone, oder du machst es
wie ich und hängst dir das schöne Zitat: »Der Vergleich mit anderen
macht dich blind für das Original, das du bist« von Laura Malina Seiler
an deinen Spiegel.

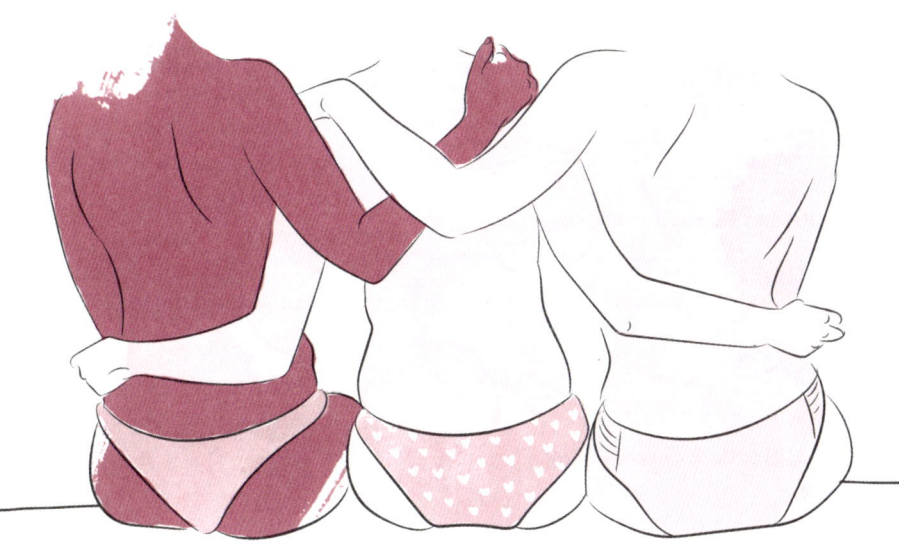

BODY POWER POINTS

1. You are powerful

2. Wer etwas Besonderes ist, muss sich nicht verstecken

3. Women – support women!

4. Listen to your body!

5. Me-Time

6. Deine größte Problemzone sind deine Gedanken

7. Life's too short to be the same!

8. Die Komfortzone ist ein schöner Ort, an dem nichts wächst

9. Hör bitte niemals auf, du zu sein!

10. Sei Regisseurin deiner Gefühle!

11. Achte auf deine Bühne, so kümmerst du dich gut um deine Darsteller

12. Zeige deine Verletzlichkeit!

13. Sei dein eigenes Idol!

deine Ergänzung 14. ....

Service

Dankesworte

Mein Dank gilt all den Menschen, die das Pink in mir sahen und halfen, es zum Leuchten zu bringen.

Ein besonders großes Dankeschön geht an: Katja Widmann, die Programmplanerin vom TRIAS-Verlag, die Redakteurin und Lektorin Bettina Moll, Kim Hoss, Silke Reichenbach, Tobias Klimmek, Martina Pilz, Anita Hanke, Larissa Thumser, Tanja Simoncev, Sarah Fuchs, Ayleen und Rene Meyke, Johanna Hellmich, Claudia Rieker, Sandra Charrier, Joachim Petzold, Yasmin Hollenbenders, Marie Gscheidle, Ellen Knöller, Helene Mantler, Kristina Wiebe, Stefanie Seidner, Evgina Diamandos, Jeanette Huber, Kasia Leiser-Atemborska, Ina Germuth, Sara Cingari, Eva und Inge Lampen, Vanessa Fritz, Celina Ammon, Lara Rapmolok, Eylem Albayrak, Isabel Niemand, Familie Jupe, Susana Fernandes, meine Tanzschülerinnen und Tanzschüler, Fred Kalinowski, Frau Holzapfel, Isabel Calheiros, Lukas Calheiros, Familie Sachsenmaier sowie Guido Maria Kretschmer.

Literatur

Selbstliebe

Albrecht, Magda: Fa(t)shionista. Berlin: Ullstein 2018.

Betz, Robert: Wahre Liebe lässt frei! München: Heyne 2014.

Brown, Brené: Verletzlichkeit macht stark. München: Goldmann 2017.

Hay, Louise L.: Gesundheit für Körper und Seele. Berlin: Allegria 2010.

Jäger, Nicole: Nicht direkt perfekt. Reinbek bei Hamburg: Rowohlt 2018.

Kaller, Nunu: Fuck Beauty! Köln: Kiepenheuer & Witsch 2018.

Kürthy, Ildikó von: Neuland. Wie ich mich selber suchte und jemand ganz anderen fand. Reinbek bei Hamburg: Rowohlt 2016.

Lambert, Paula: Finde dich gut, sonst findet dich keiner. München: Heyne 2016.

Liedloff, Jean: Auf der Suche nach dem verlorenen Glück. München: C. H. Beck 2017.

Lindau, Veit: Selbstliebe. Willkommen zu Hause in dir! München: Goldmann 2016.

Neff, Kirstin: Selbstmitgefühl. München: Kailash 2012.

Rudolph, Ina: Ich will mich ja selbst lieben, aber muss ich mich dafür ändern? München: Goldmann 2017.

Scheuermann, Ulrike: Innerlich frei. München: Knaur 2016.

Schneider, Maren: Seelenstärke. Der achtsame Weg zu Regeneration und Heilung. München: Kailash 2014.

Strelecky, John: Wiedersehen im Café am Rande der Welt. München: dtv 2014.

Wolynn, Mark: Dieser Schmerz ist nicht meiner. München: Kösel 2017.

Denken

Chudak, Evelin: Freiheit beginnt im Kopf. Norderstedt: BoD 2016.

Dobelli, Rolf: Wer bin ich? Zürich: Diogenes 2015.

— Die Kunst des klaren Denkens. München: Hanser 2011.

Havener, Thorsten: Ohne Worte. Was andere über dich denken. Reinbek bei Hamburg: Rowohlt 2014.

Hüther, Gerald: Mit Freude lernen – ein Leben lang. Göttingen: Vandenhoeck & Ruprecht 2016.

Juul, Jesper: Dein kompetentes Kind. Reinbek bei Hamburg: Rowohlt 2009.

Stahl, Stefanie: Das Kind in dir muss Heimat finden. München: Kailash 2015.

Dein Weg mit Bauch

Berzbach, Frank: Die Kunst ein kreatives Leben zu führen. Mainz: Hermann Schmidt 2013.

Betz, Robert: Willkommen im Reich der Fülle. Burgrain: Koha 2014.

— Willst du normal sein oder glücklich? München: Heyne 2011.

— Raus aus den alten Schuhen. München: Integral 2008.

Bucay, Jorge: Komm, ich erzähl dir eine Geschichte. Frankfurt a. M.: Fischer 2016.

Espinosa, Albert: Die roten Geheimnisse. München: Kailash 2016.

Förster, Anja / Kreuz, Peter: Macht, was ihr liebt! München: Pantheon 2015.

— Nur Tote bleiben liegen. München: Pantheon 2014.

— Hört auf zu arbeiten! München: Pantheon 2013.

Izzo, John: Die fünf Geheimnisse, die Sie entdecken sollten, bevor Sie sterben. München: Goldmann 2010.

Kerkeling, Hape: Ich bin dann mal weg. München/Zürich: Piper 2006.

Koidl, Maria: Blender. Warum immer die Falschen Erfolg haben. München: Goldmann 2013.

Lindau, Veit: Opus. Mach dein Leben zu einem Meisterwerk. München: Goldmann 2016.

– Erfolgsbooster. Mach deine Träume wahr. München: Goldmann 2016.

– Seelengevögelt. Manifest für das Leben. München: Goldmann 2013.

Mikosch, Claus: Der kleine Buddha entdeckt die Kraft der Veränderung. Freiburg i. Br.: Herder 2017.

Strelecky, John: Safari des Lebens. München: dtv 2007.

Trudeau, Kevin: Natural Cures They Don't Want You to Know About. Elk Grove Village (Ill.): Vanguard Press 2006.

Van den Boom, Maike: Wo geht's denn hier zum Glück? Frankfurt a. M.: Fischer 2015.

Ware, Bronnie: 5 Dinge, die Sterbende am meisten bereuen. München: Goldmann 2016.

Achtsamkeitstraining

Bordt SJ, Michael: Die Kunst, die Eltern zu enttäuschen. München: Elisabeth Sandmann 2017.

Guru, Lazy: Entspannt durchs Leben. München: Ariston 2016.

Kabat-Zinn, Jon: Im Alltag Ruhe finden. München: Knaur 2015.

Rudolph, Ina: Ich will ja loslassen, doch woran halte ich mich dann fest? München: Goldmann 2016.

Schmid, Wilhelm: Gelassenheit. Berlin: Insel 2014.

Sonstige Inspirationen

Arden, Paul. Es kommt nicht darauf an, wer du bist, sondern wer du sein willst. Berlin: Phaidon 2005.

Bartens, Werner: Was Paare zusammenhält. München: Knaur 2013.

Chapman, Gary: Die fünf Sprachen der Liebe. Marburg an der Lahn: Francke 2004.

Enders, Giulia: Darm mit Charme. Berlin: Ullstein 2014.

Engelmann, Julia: Wir können alles sein, Baby. München: Goldmann 2015.

— Eines Tages Baby. München: Goldmann 2014.

Gruner + Jahr (Hrsg.): Flow – Achtsamkeit. Ein Übungsbuch. Hamburg: G + J 2018.

Jaud, Tommy: Sean Brummel: Einen Scheiß muss ich. Frankfurt a. M.: Fischer 2015.

Kaur, Rupi: Milch und Honig. München: Lago 2017.

Kawai, Miyabi / Cortez, Manuel: Finde deinen Style! Reinbek bei Hamburg: Rowohlt 2018.

Lindau, Veit: Liebe radikal. München: Kailash 2014.

Mandela, Ndaba: Mut zur Vergebung. Köln: DuMont 2018.

Wander, Maxie: Guten Morgen, du Schöne. Frankfurt a. M.: Suhrkamp 2007.

Wild, Rebecca: Erziehung zum Sein. Erfahrungsbericht einer aktiven Schule. Freiamt: Arbor 1995.

Wizorek, Anne: Weil ein Aufschrei nicht reicht. Für einen Feminismus von heute. Frankfurt a. M.: Fischer 2014.

Interessante Links

Abspeicherung von Wissen im Gehirn: https://www.thieme.de/de/ neurologie/so-entstehen-erinnerungen-64594.htm

Entsäuerung und Entgiftung: Kurt Tepperwein: www.tepperwein.at

Bauchliebe: Elke Ramhofer: Bauch-Selbstmassage, https://www.erlebdich.de/index.php/bauch-selbstmassage.html.

Gründerinnen in Deutschland: https://www.basicthinking.de/blog/ 2018/11/29/gruenderinnen-deutschland-female-founders/

The Work of Byron Katie: http://thework.com/sites/thework/deutsch/ thework.asp; https://www.vtw-the-work.org/the-work/anleitung.html (Verband für The Work of Byron Katie).

Filmtipps

Embrace – Du bist schön von Taryn Brumfitt (2017).

Das Beste kommt zum Schluss von Rob Rainer (2007).

From Business to Being von Julian Wildgruber, Hanna Henigin (2017).

InnSaie – Die Kraft der Intuition von Úlfur Eldjárn (2016).

Endnoten

1 Dalai Lama, zit. nach: https://zitatezumnachdenken.com/dalai-lama/5695 (Zugriff: 14.12.2018)

2 Sprichwort von American Natives, zit. nach: https://www.bk-luebeck.eu/sprichwoerter-indianische.html (Zugriff: 17.12.2018)

3 Judy Garland, zit. nach: https://gutezitate.com/zitat/264775 (Zugriff: 14.12.2018)

4 Vgl. die Originalgeschichte auf: https://www.epochtimes.de/genial/geschichten/der-koenig-und-seine-vier-frauen-a2315302.html (Zugriff: 17.12.2018)

5 Buddha, zit. nach: Maren Schneider: Der kleine Alltags-Buddhist, 4. Aufl., München: Gräfe und Unzer 2014, S. 54

6 Jim Carrey, zit. nach: https://weisewortwahl.de/ich-hoffe-dass-jeder-einmal-reich-werden-kann-und-dann-alles-hat-was-er-sich-je-ertraeumt-hat-sodass-er-erkennt-dass-dies-nicht-die-antwort-ist/ (Zugriff: 17.12.2018)

7 Mahatma Gandhi, zit. nach: http://www.zitatekiste.com/zitate/show/glueck-ist-wenn-das-was-du-denkst-du-sagst-und-du-tust-in-ha (Zugriff: 14.12.2018)

8 Buddha, zit. nach: http://www.sasserlone.de/zitat/4533/buddha/ (Zugriff: 17.12.2018)

9 Henry David Thoreau, zit. nach: https://tomoff.de/ich-bin-wertvoll/ (Zugriff: 17.12.2018)

10 Spruch von Unbekannt, zit. nach: https://www.aphorismen.de/zitat/61721 (Zugriff: 17.12.2018)

11 Spruch von Unbekannt, zit. nach: https://www.gesundheitspraxis-richardson.de/spruch-des-moments/ (Zugriff: 17.12.2018)

12 John Lennon, zit. nach: Gerald Hüther / Uli Hauser: Jedes Kind ist hochbegabt, 3. Aufl. München: Random House 2012, S. 5

13 Rumi, zit. nach: https://mymonk.de/rumi-zitate/ (Zugriff: 14.12.2018)